Espelho Partido

Silvio Da-Rin

Espelho Partido

Tradição e Transformação do Documentário

4ª edição

azougue editorial
2008

coordenação editorial
Sergio Cohn

projeto gráfico
Sergio Cohn e Silvio Da-Rin

capa
Silvia Steinberg
a partir de uma foto de Jori Ivens

revisão
Graziela Marcolin e Sebastião Edson Macedo

logotipo da editora baseado no poema "asa" de Rodrigo Linares

---

D233e

    Da-Rin, Silvio - Espelho Partido. Silvio Da-Rin
    Rio de Janeiro: Azougue
    Editorial, 2006.
    248p. ; cm.

    ISBN 85-88338-39-4

    1. Cinema 2. Cinema - Documentário I. Título

04-1342.   CDD: 791.4353   CDU: 791.43-92

---

azougue editorial
www.azougue.com.br

Prefácio
João Moreira Salles

Todo documentarista enfrenta dois grandes problemas, os únicos que de fato contam na profissão. O primeiro diz respeito à maneira como ele trata seus personagens; o segundo, ao modo como apresenta o tema para o espectador. O primeiro desses problemas é de natureza ética; o segundo é uma questão epistemológica. O documentarista pode filmar e editar seu filme sem tomar consciência da ética e da epistemologia. É uma inconsciência perigosa, pois o filme conterá necessariamente as duas dimensões e será medido, em grande parte, pelas soluções específicas que adotar.

O peso da ética se avalia antes de tudo pelo fato tão simples quanto evidente de que pessoas filmadas para um documentário continuarão a viver sua vida depois que o filme ficar pronto – e ninguém deveria se dar ao luxo de esquecer isso. A dimensão epistemológica é igualmente vital: o documentário é uma representação do mundo e toda representação precisa justificar seus fundamentos. De forma apressada, alguém poderia resumir essas duas preocupações dizendo que o documentarista deve ser decente e ser honesto. Ambas fazem parte do horizonte de Silvio Da-Rin, mas em *Espelho Partido* é principalmente do aspecto epistemológico que ele se ocupa, ou seja, da honestidade da representação. Quem ler atentamente o livro perceberá entretanto que o termo é impróprio. Não se trata tanto de honestidade quanto do abandono de certa ingenuidade, da crença no cinema não-ficcional como evidência irrefutável do mundo.

A lição mais preciosa de *Espelho Partido* parece ser a de nos ensinar a desconfiar do documentário, ou pelo menos, como o autor talvez dissesse, a desconfiar do documentário que não revela seus mistérios. Com grande rigor, Da-Rin nos apresenta a história da tradição documental e nos revela de que maneira boa parte dela foi moldada, desde o início, por uma espécie de fé nos poderes de sinceridade da máquina de filmar. O método de Lumière é declinado: "Escolher o melhor enquadramento possível para capturar um instante da realidade e filmá-lo sem nenhuma preocupação nem de controlar nem de centrar a ação". Sessenta anos depois os influentes diretores do cinema direto americano dirão palavras quase iguais.

Se pudéssemos estender um fio entre esses dois momentos, sobre ele estariam precariamente equilibrados todos os documentaristas positivos, para os quais o mundo visto, percebido, é o mundo verdadeiro. O documentário seria como uma duplicação do mundo, uma imagem no espelho. Mesmo que o cinema direto nos tenha devolvido o prazer de observar – e tenha forçado documentaristas enfastiados a praticar o exercício sempre saudável de prestar atenção no mundo –, a ingenuidade teórica de seus principais praticantes (mas não de todos) acabou impregnando grande parte da produção (mas não toda) de um caráter ilusionista. Silvio Da-Rin desmonta a ilusão.

Um dos prazeres de seu livro é nos fazer acompanhar esse desmonte a partir da compreensão do som. Além de pensador do cinema, Da-Rin é engenheiro de som, com uma atuação importante nesse campo. Seus longos anos de trabalho o tornaram particularmente sensível às experiências sonoras das várias correntes documentárias. Trata-se de um ponto de vista extremamente original e que reforça um partido de Eduardo Coutinho – repetido toda vez que seu cinema é posto em questão, por excessivamente falado –, de que há quase oitenta anos o cinema é feito de imagem *e* de som. Da-Rin mostra como a análise criteriosa das práticas sonoras empregadas pelos documentaristas ajuda a determinar o apego menor ou maior à ilusão do espelho.

Vemos assim que a vanguarda soviética, sempre alerta contra os riscos de um cinema naturalista, desconfiava da sincronicidade do som. Os poucos filmes da escola inglesa que merecem ser lembrados são exatamente aqueles que adotaram um regime sonoro mais ousado e mais experimental. Os americanos do direto, imbuídos de uma crença quase mágica na objetividade da filmagem, recusaram todo som que não estivesse em estrita sincronia com a imagem. A escola do francês Jean Rouch acrescentou uma dimensão fabular ao som, o que a afasta da corrente do direto americano com a qual é muitas vezes confundida. É uma bela análise, e, nós documentaristas, deveríamos prestar atenção nela. Em geral nos preocupamos somente com enquadramentos e movimentos de câmera. O som... bem, para muitos de nós, o som é apenas o som e basta que seja audível. Não é e não basta. Em certos casos, o documentário foi reinventado por diretores que filmavam com "os ouvidos mais atentos que os olhos".

A análise minuciosa das diversas estratégias narrativas encerra uma questão anterior, que diz respeito à própria natureza do objeto. Afinal de contas, o que é um documentário? Ainda aguardamos uma resposta satisfatória a essa pergunta (que talvez não venha). Olhamos para trás e constatamos que ela nos atormenta desde o primeiro filme da tradição, *Nanook of the North*, o documentário do americano Robert Flaherty cujas principais seqüências foram encenadas para a câmera.

O realizador que escolhe esta ou aquela maneira de contar sua história entende que a escolha produzirá um documentário não só melhor, como mais próximo do seu ideal de filme não-ficcional. Documentaristas que acreditam na necessidade de preservar a naturalidade do mundo tendem a evitar intervenções (entrevistas, comentários, encenações) e artifícios de filmagem e edição (alterações de velocidade, movimentos planejados, montagens aceleradas). Os que duvidam da possibilidade de apreender um mundo natural privilegiam exatamente o oposto. Há os que sustentam que a única verdade passível de ser alcançada é aquela do próprio filme – a do personagem que se inventa diante da câmera, por causa da câmera –, o que tornaria indispensável revelar aos personagens, e também aos espectadores, o próprio artifício da filmagem. Da-Rin nos conta todas essas histórias mas sublinha: "não existe método ou técnica que possa garantir um acesso privilegiado ao real".

Estratégias várias não livraram o documentário do seu problema de identidade. O filme não-ficcional segue carregando essa dificuldade. Alguns críticos – e suponho que Da-Rin seja um deles – sustentam que se trata de uma falsa questão. Num livro de ensaios, o editor de documentários Dai Vaughan faz uma observação interessante. Ele conta que assistia a um filme de O Gordo e o Magro na televisão, um pequeno clássico de 1929 em que os dois comediantes fazem o papel de vendedores ambulantes de árvore de Natal. Às tantas a dupla chega na casa de um sujeito rabugento. O homem não gosta de ambulantes e bate a porta na cara dos dois. Eles tornam a tocar a campainha, o homem abre novamente a porta, agora mais furioso, e a história se repete, numa escalada de mau humor e violência que culmina na destruição quase total da casa. Ocorre que, durante a exibição comentada do filme, o locutor da TV informou que um grave erro havia sido cometido durante as filmagens: a casa que a produção alugara para ser destruída ficava do outro lado da rua, não era aquela. Vaughan comenta que bastou essa informação para transmutar uma comédia de ficção em documentário – no caso, um documentário sobre uma equipe de filmagem que sem querer destrói com grande volúpia a casa de um pobre proprietário ausente. Não importa que a história seja apócrifa (provavelmente é). O fundamental é perceber que, bem mais do que conteúdos ou estratégias narrativas, o que faz um filme ser um documentário é a maneira como olhamos para ele; em princípio tudo pode ou não ser documentário, dependendo do ponto de vista do espectador.

Os documentaristas que Da-Rin mais admira são aqueles que tentam não esconder nada dos espectadores, sobretudo o fato de eles estarem assistindo a um filme – a uma construção da realidade, portanto. O resultado dessa prática é que "a representação da realidade passa a ser contestada pela realidade da representação". São os filmes que se narram, que contam a história de sua própria construção, e com isso desvendam seus mistérios. Documentaristas assim se espalham por vários grupos, cada qual defendendo à sua maneira e com razões próprias a adesão ao antiilusionismo. Da-Rin gosta particularmente dos que se entregam a esse exercício não por ceticismo, não por descrença na possibilidade de narrar o mundo. Essa vertente, digamos assim, negativa do documentarismo foi sem dúvida importante. Ajudou no desmanche dos modos mais clássicos do documentário, sobretudo o do cinema inglês, com sua arrogância pedagógica que ainda hoje é a herança malsã do gênero. Porém, se uma paisagem arrasada pode ser útil, isso não basta. Da-Rin prefere a reconstrução.

Ao expor como a tradição documental enfrentou (e enfrenta) a questão epistemológica, Da-Rin oferece ao leitor brasileiro a primeira história do documentário publicada entre nós. Vários nomes importantes estão presentes: Flaherty, Grierson, Vertov, Rouch, Leacock e, num capítulo final, os brasileiros Arthur Omar, Jorge Furtado e Eduardo Coutinho. Mas que ninguém confunda *Espelho Partido* com um manual desapaixonado cuja ambição seria apenas arrolar escolas e tradições. O que torna este livro tão bom é antes de tudo o fato de Da-Rin ter fé. Enquanto boa parte da crítica contemporânea parece ter caído no conto de certa escola francesa, segundo a qual toda representação estaria condenada ao estado de anemia existencial do simulacro, Da-Rin defende o oposto, afirmando com veemência que nenhuma imagem está fadada a falar apenas de si mesma. Decerto é preciso desconfiar das grandes conclusões, dos filmes que pretendem dizer tudo, definitivamente, e não suportam a ambigüidade, mas para quem escapa dessas fantasias de totalidade *Espelho Partido* demonstra que existe um caminho extraordinário a ser percorrido. Nele, o documentarista renuncia a dissertar sobre muitas coisas para conhecer melhor umas poucas, confiante de que pode, e deve, falar não só do filme, mas também do mundo.

Nota e agradecimentos

Este livro compara diferentes concepções do documentário. Procuramos aqui identificar os fundamentos de uma tradição e as principais tendências responsáveis por sua transformação. Muitos filmes foram vistos e revistos. Não foi menor a atenção dedicada aos textos de realizadores, críticos e teóricos. O centro de nossa preocupação foi recuperar o sinuoso caminho que a *idéia* do documentário percorreu ao demarcar seu território no continente do cinema.

A razão mais íntima deste trabalho é a minha atração pelo documentário, experimentada desde a adolescência nas salas de cineclubes e cinematecas. Nos sets de filmagem, produzindo, dirigindo e gravando o som de documentários, fui acumulando questões que acabaram por me levar à Escola de Comunicação da UFRJ, onde cursei o mestrado que, em 1995, resultou na primeira versão deste texto. Agradeço ao professor Rogério Luz o incentivo e a ampla liberdade que, como orientador, me concedeu no desenvolvimento da pesquisa.

Desde então, o documentário brasileiro conquistou telas e multiplicou seu público. Surgiu uma geração de realizadores, com projetos originais e provocativos. Aumentou o número de cursos de cinema, aparecerem novos ensaios e o espaço de discussão sobre o documentário tem se ampliado permanentemente. A publicação deste trabalho, após alguns retoques no texto original, é produto de todos estes estímulos.

Agradeço à querida amiga Silvia Steinberg sua inestimável colaboração; a Eliane Barroso e Cláudio da Costa pela revisão das traduções; a Tunico Amâncio e Ana Isabel Aguiar, por terem me encaminhado à Azougue Editorial; a todos os que cederam imagens para ilustrar este livro; e também a Tetê Mattos, Maya Da-Rin, Daniel Bueno e Ruy Gardnier, que contribuíram com oportunas sugestões durante a reformulação do texto original. Por último e mais importante, minha gratidão a Claudia Mendes, que acompanhou todo este processo, sempre me nutrindo com doses generosas de amor e humor.

Introdução

Quem se propõe a abordar teoricamente o documentário se defronta com o desafio quase intransponível de delimitar o campo. O que é um documentário? Para alguns, é o filme que aborda a realidade. Para outros, é o que lida com a verdade. Ou que é filmado em locações autênticas. Ou que não tem roteiro. Ou que não é encenado. Ou ainda, que não usa atores profissionais. Estas e outras tentativas simplistas de balizar o terreno vão sendo sucessivamente negadas pelos exemplos de filmes que não se enquadram nelas, mostrando que os limites são arbitrários e criando um labirinto interminável de exceções que acabam por nos levar de volta ao ponto de partida. Se o documentário coubesse dentro de fronteiras fáceis de estabelecer, certamente não seria tão rico e fascinante em suas múltiplas manifestações.

É fácil constatar que o nome *documentário* recobre uma enorme diversidade de filmes, representantes dos mais diversos métodos, estilos e técnicas. Mas, se estes filmes se agrupam sob um mesmo nome, seria conveniente defini-lo. E definições não faltam, conforme a época e os interesses em jogo. Em 1948, uma associação de realizadores, a *World Union of Documentary*, definiu o documentário como:

> Todo método de registro em celulóide de qualquer aspecto da realidade interpretada tanto por filmagem factual quanto por reconstituição sincera e justificável, de modo a apelar seja para a razão ou emoção, com o objetivo de estimular o desejo e a ampliação do conhecimento e das

relações humanas, como também colocar verdadeiramente problemas e suas soluções nas esferas das relações econômicas, culturais e humanas.[1]

Surpreendentemente, o documentário aqui se define menos no plano fílmico do que no plano ético. O enfoque é generalizante, os parâmetros propriamente cinematográficos são escassos e a ênfase é colocada nas intenções do realizador e nos possíveis efeitos do filme sobre a audiência. Esta definição "oficial" seria imperfeita? Ao contrário: como veremos, é um texto fiel às bases da tradição do documentário.

Outras definições, apesar de mais concisas, não são menos imprecisas. A mais citada é atribuída ao inglês John Grierson, embora não se saiba em que texto ou em que contexto foi formulada: documentário é o "tratamento criativo da realidade".[2] Mais adiante esta frase começará a fazer sentido, mas devemos reconhecer que é excessivamente vaga para nos servir como porta de entrada.

Os verbetes enciclopédicos costumam opor o documentário à ficção.[3] Este é, aliás, o significado que encontramos fora dos círculos especializados, no senso comum. A mesma contraposição à ficção caracteriza a expressão de uso corrente nos Estados Unidos: *non-fiction film*. O que evita a tarefa árdua de produzir uma definição, mas não

---

[1] Citado por WINSTON, 1978/79. Em ROSENTHAL, 1988: 22.

[2] A primeira menção a esta expressão, sem citação da fonte, encontra-se em *Documentary Film*, de Paul Rotha: "(...) o cinema (...) encontrou ar puro fora dos estúdios à-prova-de-som-e-de-idéias naquilo que Grierson chamou 'tratamento criativo da realidade'". ROTHA, 1936: 68. Na introdução à antologia de textos de Grierson, seu biógrafo voltou mencionar a frase, novamente sem citar a fonte. HARDY, 1946: 11. A expressão desapareceu em edições mais recentes do livro de Hardy. WINSTON, 1995: 264, nota 8.

[3] "Filme didático mostrando fatos reais e não imaginários (por oposição a filme de ficção)". *Le Robert, Dictionnaire de la Langue Française*; Paris, 1989. "Um filme que lida diretamente com fato e não ficção, que tenta transmitir a realidade tal como é, ao invés de alguma versão ficcional da realidade". KONIGSBERG, 1993: 88. "Gênero cinematográfico rejeitando a ficção para tornar presente somente a realidade". M. BESSY & J.-L.CHARDON, *Dictionnaire du Cinéma et de la Télévision*: 124.

chega a resolver a questão. Ao contrário: agrava-a, ao criar artificialmente uma oposição extrema entre campos que, na prática, são marcados por nuances e sobreposições. Godard é um dos que não acreditam nesta oposição: "todos os grandes filmes de ficção tendem ao documentário, como todos os grandes documentários tendem à ficção. (...) E quem opta a fundo por um encontra necessariamente o outro no fim do caminho".[4]

Uma solução talvez esteja em remeter o problema para a subjetividade do espectador: "o que faz um filme 'documentário' é o modo como nós o vemos; e a história do documentário tem sido a sucessão de estratégias através das quais os cineastas têm tentado fazer os espectadores verem os filmes deste modo".[5] Esta é uma saída engenhosa, mas insatisfatória. Nosso maior interesse consiste exatamente em conhecer e comparar aquelas "estratégias", ou seja, os modos de representação utilizados pelos cineastas.

Outros consideram pura perda de tempo a tentativa de definir o que vem o ser o documentário e acham que este nome, ao invés de designar algo concreto, é apenas "um conceito perdido".[6] E há quem parta para uma negação absoluta:

Não existe isto que se chama documentário – esteja este termo designando um tipo de material, um gênero, uma abordagem ou um conjunto de técnicas. Esta afirmação – tão antiga e tão fundamental quanto o antagonismo entre palavras e realidade – deve ser incessantemente recolocada, apesar da bem visível existência de uma tradição do documentário. No cinema, esta tradição, longe de viver atualmente uma crise, parece fortificar-se em seus freqüentes declínios e renascimentos.[7]

---

[4] GODARD, 1985: 144.
[5] VAUGHAN, 1999: 84.
[6] ROSENTHAL, 1988: 3.
[7] MINH-HA, em RENOV, 1993: 90.

Devemos admitir que *documentário* não é um conceito com o qual se possa operar no plano teórico. Toda conceituação terá então que ser produzida pela própria análise, evitando a dupla simplificação do problema: seja considerar o documentário um falso objeto a ser descartado, seja considerá-lo um objeto dado e dotado de uma imanência. O termo documentário não é depositário de uma essência que possamos atribuir a um tipo de material fílmico, a uma forma de abordagem ou a um conjunto de técnicas. Todas as inumeráveis tentativas que conhecemos de explicar o documentário a partir da absolutização de uma destas características, ou de qualquer outra tomada isoladamente, fracassaram.

Por outro lado, não há como negar a persistência de uma tradição – uma espécie de instituição virtual constituída por diretores, produtores e técnicos que se autodenominam documentaristas, seus filmes, associações, agências financiadoras, espaços de exibição, distribuidores, mostras especializadas, publicações, críticos e um público fiel.

A nosso ver, o documentário se enquadra perfeitamente em um dos "grandes regimes cinematográficos" a que se referiu Christian Metz. Regimes que correspondem às principais fórmulas de cinema, cujas fronteiras são fluidas e incertas, mas "são muito claras e bem desenhadas no seu centro de gravidade; é por isto que podem ser definidas em compreensão, não em extensão. Instituições mal definidas, mas instituições plenas".[8]

De fato, estamos diante de um "regime" de fácil constatação empírica – qualquer espectador que entre inadvertidamente em uma sala de cinema, em poucos minutos saberá responder se aquilo a que está assistindo é ou não um documentário. Se suas "fronteiras incertas" desafiam o estabelecimento de uma definição extensiva, capaz de esgotar todas as ocorrências, isto não nos impede de reconhecer a existência

---

[8] METZ, 1980: 45.

concreta deste "grande regime cinematográfico" – que preferimos chamar de um *domínio*, entendido como âmbito de uma arte.

Por ser "bem desenhado no seu centro de gravidade", o domínio do documentário funciona como catalisador das questões historicamente partilhadas por uma comunidade de praticantes. Questões que, ao longo dos anos, receberam respostas contraditórias, não configurando um campo uniforme e contínuo. Ao contrário, periodicamente novos movimentos e escolas aí se confrontam, dando lugar a sucessivas configurações do documentário.

Por isso concordamos com Bill Nichols, que evita analisar o documentário dentro de uma perspectiva totalizante. Nichols parte da mesma negação de "objetos naturais" que caracteriza a abordagem histórica de Michel Foucault. Do mesmo modo como Foucault procedeu frente à loucura – ao invés de aceitar a existência da "loucura" como um objeto dado, rastreou as descontínuas construções da idéia de loucura através dos tempos, em práticas e discursos correlativos –, Nichols procura "reconhecer em que medida nosso objeto de estudo é construído e reconstruído por uma diversidade de agentes discursivos e comunidades interpretativas".[9]

As diferentes tendências que, ao longo da história do cinema, foram identificadas com este nome tão difícil de definir, não constituem um único e mesmo objeto, mas *diferentes objetivações* do documentário. Cada uma delas possui seu percurso peculiar, suas plataformas estéticas, sua crítica às práticas consideradas superadas e seu resgate de antecessores. O que mantém agregado um campo tão plural é o fato de que seus membros compartilham determinadas referências, ou seja, gravitam em torno de uma mesma tradição.

Nas páginas seguintes, vamos rastrear a gênese e a transformação desta tradição, a partir das condições econômicas, sociais e culturais

[9] NICHOLS, 1991: 17.

que as possibilitaram. Antes disso, vejamos de onde surgiu o termo *documentário*. Sua primeira ocorrência em língua inglesa é freqüentemente atribuída[10] a uma crítica ao filme *Moana* (Robert Flaherty, 1926), escrita por John Grierson e publicada em fevereiro de 1926, em um jornal de Nova York:

> É claro que *Moana,* sendo uma exposição visual dos eventos cotidianos de um jovem polinésio e sua família, tem valor como documentário. Mas, considero isto secundário diante de seu valor como suave brisa de uma ilha ensolarada banhada por um esplêndido mar tão morno quanto seu ar balsâmico. *Moana* é antes de tudo belo como a natureza é bela. É belo porque os movimentos do jovem Moana e dos outros polinésios são belos; e porque as árvores e as ondas borrifantes, as nuvens suaves e encrespadas e os horizontes distantes são belos.[11]

Grierson reconhece o valor etnográfico do filme de Flaherty, afirmando logo em seguida que este aspecto é secundário. Não somente o trecho aqui transcrito, suficientemente revelador, como todo o restante da crítica consiste em um elogio rasgado ao romantismo do cineasta norte-americano que antes havia realizado *Nanook of the North* (*Nanook, o Esquimó*, 1922).

Quando reencontrarmos Grierson, no capítulo 3, será difícil reconhecê-lo nesta louvação à beleza de paraísos naturais distantes. Ao liderar a escola realista inglesa e estabelecer as bases da "arte maior do documentário",[12] sua escala de valores terá se invertido. E esta crítica,

---

[10] Esta origem do termo, indiscutível durante muitas décadas, foi recentemente questionada por Brian Winston, que garimpou um prospecto divulgado em 1914 pelos produtores do filme *In the Land of the Headhunters*, onde constam as expressões "material documentário" e "trabalho documentário". WINSTON, 1995: 9.

[11] "Flaherty's Poetic *Moana*". *New York Sun*, 8 de fevereiro de 1926, publicada sob o pseudônimo *The Moviegoer* (O Cinéfilo). JACOBS, 1979: 25.

[12] "First Principles of Documentary". Em HARDY, 1946: 79.

O irmão menor de Moana sobe no coqueiro. Na crítica de 1926, Grierson declara ser esta a "mais bela cena" do filme de Flaherty.

escrita seis anos antes, será considerada "apressada" por seu autor. No manifesto em que formula os princípios fundamentais do documentário,[13] Grierson valoriza os métodos de trabalho desenvolvidos por Flaherty, mas critica impiedosamente, como sentimentalistas e escapistas, as características idílicas de *Moana* exaltadas naquela crítica de 1926.

Este duplo movimento de apropriação metodológica e, ao mesmo tempo, de crítica ao conteúdo romântico de Flaherty consiste, a nosso

[13] Idem: 78-89.

ver, no corte fundador do documentário. Mas, para melhor interpretar o conteúdo programático do manifesto de Grierson, será preciso fazer um breve retrospecto pelo cinema das origens, de modo a situar o caráter inaugural da obra de Flaherty.

1 Do Cinematógrafo ao Cinema

Ao levantar as origens do cinema, nada mais difícil que estabelecer datas e nomes inaugurais: o primeiro filme, o primeiro projetor, o verdadeiro inventor ou a primeira sessão. Estes marcos, aliás, seriam de pouca serventia, já que encaramos o cinema como parte de um processo longo, amplo e ramificado de experiências e conquistas no campo da projeção da imagem. Processo que tem origens remotas na Antigüidade, passa pela câmera escura e ganha maior impulso a partir do século XVII, com o uso da lanterna mágica e a proliferação de pesquisas ópticas visando o registro e a reprodução do movimento. Visto assim, torna-se mais fácil entender que o cinema não foi uma ruptura radical, nem foi percebido como uma completa novidade por seus contemporâneos. Ao contrário, foi experimentado como uma nova articulação de técnicas já conhecidas, e progressivamente assimilado às formas de expressão culturais e artísticas correntes.

Os nomes de Thomas Edison e dos irmãos Louis e Auguste Lumière se destacam neste processo, por terem estabelecido importantes bases tecnológicas para a futura indústria cinematográfica. E, também, por representarem dois paradigmas estéticos do cinema dos primeiros tempos. Este é o aspecto que nos interessa mais de perto.

As investigações de Edison nos domínios da imagem foram conseqüência de uma invenção anterior, o fonógrafo, que comercializou em 1888, como uma máquina para automatizar a estenografia em escritórios, mas que só viria a alcançar sucesso comercial como aparelho de entretenimento à base de moeda, para audição musical individual com fone de ouvido. Em abril de 1894 Edison lançou o quinetoscópio, baseado em princípios semelhantes: uma máquina a moeda com visor individual para exibição de filmes.[1] Na mesma época, publicou um artigo no qual vislumbrava uma representação audiovisual hiper-realista, capaz de proporcionar uma ilusão perfeita da realidade.

> No ano de 1887, me ocorreu a idéia de que seria possível inventar um instrumento que fizesse para o olho o que o fonógrafo faz para o ouvido; e que, pela combinação dos dois, todos os movimentos e sons pudessem ser gravados e reproduzidos simultaneamente. (...) Eu acredito que nos próximos anos, através do meu próprio trabalho e do de Dickson, Muybridge, Marey e outros que sem dúvida vão entrar no campo, a grande ópera poderá ser apresentada no Metropolitan Opera House em Nova York sem nenhuma mudança material do original e com artistas e músicos há muito tempo já falecidos.[2]

Quase todos os filmes produzidos para o quinetoscópio, encomendados por Edison a seu então principal auxiliar, o engenheiro e fotógrafo William Dickson, foram filmados no *Black Maria*, um estúdio fechado e isolado de interferências externas – procedimento semelhante ao que havia sido adotado nas gravações para o fonógrafo. Os temas reproduziam alguma forma de diversão comercial popular, como lutas, danças, acrobacias, curiosidades animais ou encenações inspiradas em peças do teatro popular, comédias, revistas musicais e números circenses. As filmagens consistiam em uma única tomada com atores, diante de fundos negros, longe da grande e pesada câmera de filmagem, o quinetógrafo. As imagens eram centralizadas e frontalmente dirigidas ao espectador.

---

[1] MUSSER, 1990: 81.

[2] *Century Magazine*, nº 48, p. 206, junho de 1894. Citado por BOWEN, 1955. Em FIELDING, 1967: 90.

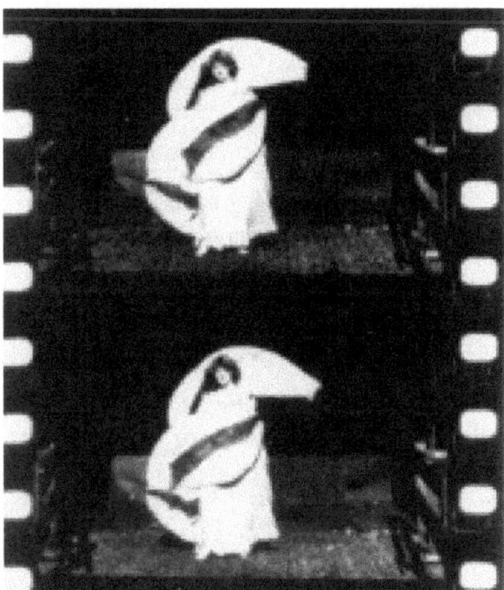

Edison imaginou o espetáculo audiovisual, mas achou que estaria matando "a galinha dos ovos de ouro" se partisse para a projeção em tela. Acreditou que lucraria mais com um consumidor de cada vez e lançou no mercado o quinetoscópio. Suas primeiras imagens eram meras reproduções do movimento: personagens isolados do mundo, filmados no estúdio Black Maria, *contra um fundo preto. O formato adotado por Edison em 1893 permanece, até os dias atuais, como padrão na indústria cinematográfica: bitola de 35mm com quatro perfurações de cada lado do fotograma.*

O mesmo estilo foi adotado por Max Skladanowsky, um dos pioneiros na projeção de imagens animadas, que em 1º de novembro de 1895 promoveu uma sessão pública com ingressos pagos, em Berlim.

Bem distinto foi o método de trabalho de Louis Lumière ao realizar seus primeiros filmes, registrando pessoas com gestos simples em situações familiares, integradas aos ambientes naturais. Com o seu cinematógrafo, uma câmera leve e portátil movida a manivela, Lumière criou uma imagem descentrada, difícil de ser apreendida de forma imediata e total. Suas "vistas" resultaram muito mais cativantes que as encenações artificiais diante do fundo preto de um estúdio, ao reproduzirem as aparências do cotidiano com surpreendente realismo e uma espécie de magia do ar livre.

Todos os filmes exibidos nas primeiras demonstrações do cinematógrafo e, a partir de 28 de dezembro de 1895, nas sessões pagas do Grand Café, foram realizados pessoalmente por Louis, fotógrafo de longa data, que antes havia estudado desenho e escultura. Não é de estranhar, portanto, que seus filmes tenham feito sucesso imediato e se notabilizado pela elevada qualidade formal e artística, além de revelarem

Para testar o protótipo do cinematógrafo, Louis Lumière instalou-se discretamente no prédio em frente ao portão de sua fábrica e registrou uma cena cotidiana: a saída dos operários.

*Os irmãos Auguste
e Louis Lumière.*

uma flagrante unidade estilística, pressupondo um comportamento definido diante do objeto: "escolher o melhor enquadramento possível para capturar um instante da realidade e filmá-lo sem nenhuma preocupação nem de controlar nem de centrar a ação".[3]

Este modelo Lumière está em continuidade com as projeções luminosas da lanterna mágica, que há mais de cinqüenta anos vinham ilustrando palestras oferecidas por viajantes, exploradores e professores de ciências naturais, geografia e da nascente etnologia. A lanterna mágica, que por séculos esteve associada à fantasmagoria e à magia, transformou-se em um privilegiado instrumento pedagógico quando foram aperfeiçoadas as condições técnicas para a projeção de fotografias. No mesmo ano em que o cinematógrafo Lumière foi lançado a público, a Liga de Ensino distribuía por toda a França 477 lanternas, acompanhadas de um catálogo contendo oito mil diferentes vistas.[4]

O trabalho dos Lumière também procurava se filiar a uma vertente técnico-científica de pesquisadores do movimento. Prova disso são os locais escolhidos para as primeiras demonstrações do

[3] BURCH, 1987: 36.
[4] GAUTHIER, 1987: 32.

O astrônomo Jules Jannsen foi filmado durante o Congresso das Associações Francesas de Fotografia, em junho de 1895. No dia seguinte as imagens foram exibidas para os congressistas.

cinematógrafo, a partir de 22 de março de 1895: a Sociedade para o Estímulo da Indústria Nacional, um encontro de doutores na Sorbonne e o Congresso das Associações Francesas de Fotografia, em Lyon – auditórios altamente representativos da tecnocracia científica da época. Não foi mera coincidência o fato de que, nestas ocasiões, a demonstração do cinematógrafo foi apenas o complemento de um programa em que a parte principal era a conferência ilustrada de Louis Lumière sobre outra de suas pesquisas no domínio da técnica, a fotografia colorida.[5]

No novo campo da imagem em movimento, Louis Lumière perseguiu uma linha coerente com esta trajetória técnico-científica, dedicando-se a experiências de observação e registro do real executadas por vezes de forma sistemática e com a câmera oculta. Alguns de seus filmes possuem mais de uma versão, com a repetição muito aproximada do ponto de vista, sugerindo o aperfeiçoamento sucessivo de um método de apreensão do movimento. Este caráter de ciência aplicada, contrariamente a qualquer veleidade de contar histórias, torna-se claro

<hr>

[5] WILLIAMS, 1983:157.

neste lamento de Louis Lumière a Sadoul, em uma entrevista concedida em 1946: "meus trabalhos foram trabalhos de investigação técnica. Jamais fiz o que se chama de 'mise-en-scène' (...). No cinema, o tempo dos técnicos acabou, agora é a época do teatro".[6]

A nostalgia de Lumière pode ser facilmente explicada. Naquele momento, meio século depois da invenção do cinematógrafo, o cinema que se filiava às pesquisas do movimento e ao registro da realidade há muito tempo perdera a preferência do público. Era o cinema de ficção que dominava em todo o mundo, consagrando o modo de representação sugerido por Edison nos tempos do quinetoscópio, quando sonhava com encenações operísticas capazes de dar vida a artistas já desaparecidos. O caminho percorrido até que o cinema se tornasse apto a contar histórias foi longo e tortuoso. Vejamos, de forma extremamente resumida, alguns lances deste processo.

No final do século XIX, época marcada pela exaltação dos progressos técnicos, sucessivos aparelhos de captação e reprodução de imagens em movimento foram apresentados, ao lado de outras invenções elétricas e mecânicas, nas exposições universais, feiras industriais e salões de novidades. Estas máquinas eram lançadas no mercado como uma atração em si mesmas: não eram anunciados os títulos dos programas exibidos, mas o próprio quinetoscópio ou cinematógrafo. A curiosidade do público pela novidade técnica durava um breve período. A partir daí, a afirmação destes dispositivos no campo do entretenimento dependia de uma permanente renovação dos programas de filmes.

O cinema destes primeiros anos era profundamente dependente de outras formas culturais, como o teatro popular, a imprensa, as histórias em quadrinhos e as palestras com lanterna mágica. Daí se originava a fonte de inspiração para os conteúdos, mas também para o próprio modo de representação, que precisava ser compatível com filmes

[6] SADOUL, 1964: 107.

constituídos de um único plano, com duração inferior a um minuto.[7] Atos de malabarismo, exibições de alterofilistas, danças e lutas eram ações mecânicas que não chegavam a demandar uma interpretação. Já no caso das cenas cômicas ou dramáticas, que seguiam a linha muito apreciada do burlesco e do melodrama, era necessário que se limitassem a uma atuação curta em forma de pantomima, em que o exagero dos gestos compensava a falta dos meios narrativos.

A Paixão de Cristo era um gênero adequado a um cinema que ainda não sabia contar histórias. As imagens reproduziam um palco teatral com iluminação frontal. O exibidor completava a narração de um enredo bem conhecido do espectador.

Para tornar os enredos compreensíveis, era preciso recorrer a recursos externos à imagem projetada, a começar pela memória do espectador, que pressupunha o conteúdo do filme através do título e da alusão a algum fato corrente ou enredo conhecido. Por exemplo: a Paixão de Cristo, gênero muito explorado nos primeiros anos do cinema, abordava a *via crucis* na forma de quadros relativamente autônomos.

Outro gênero corrente era a reconstituição simplificada de crimes sensacionais noticiados pela imprensa e latentes no imaginário coletivo.

[7] Em 1978, a Federação Internacional de Arquivos de Filmes inventariou cerca de 1.500 filmes remanescentes do período que vai até 1906, concluindo que aproximadamente a metade deles se constitui de um único plano. SALT, em ELSAESSER, 1990: 35.

O exibidor participava de viva voz, contribuindo com informações complementares e animando o espetáculo com música e efeitos sonoros. Outro recurso usado para orientar a platéia eram os letreiros, exibidos por lanternas de placa fixa.[8]

Tom Gunning usa o termo "cinema de atrações" para caracterizar este primeiro período, povoado por filmes exibicionistas, que não chegam a narrar, mas simplesmente *mostram* alguma coisa excitante. Ao contrário do cinema que vai se desenvolver na década seguinte e que procura esconder seus artifícios para criar um mundo fictício orgânico (a diegese) o primeiro cinema funciona como o palco de um teatro de variedades, promovendo uma integração permanente entre a tela e a platéia, através do enquadramento frontal e da interpelação direta que os personagens dirigem ao público, por meio de acenos, piscadelas e sorrisos.[9] "Atrações" não eram somente cenas filmadas em estúdio, mas também paisagens ou eventos públicos – as chamadas *atualidades*. Este conceito merece ser esclarecido.

Freqüentemente o termo atualidades é empregado como sinônimo de "documentário" dos primórdios do cinema, por oposição às "ficções" daquele período. Esta concepção, além de superficial, encobre o significado mais amplo das atualidades, no contexto do florescimento de uma sociedade de massa, período de intensa urbanização, mecanização e aceleração da chamada vida moderna. Ao surgir, o cinema veio ao mesmo tempo revelar e possibilitar uma nova percepção daquele mundo agitado, articulando-se com as notícias, os relatos e as fabulações que circulavam em outros meios de comunicação e informação. No final do século XIX, os jornais ainda não dispunham de técnicas adequadas à publicação de fotografias com boa definição. Em suas páginas era comum

---

[8] As cartelas contendo letreiros só passarão a ser fornecidas como parte integrante dos filmes por volta de 1903-1905. Nestes primeiros anos, eram criadas e acrescentadas pelo próprio exibidor-projecionista. MUSSER, 1990: 2 e 349.
[9] GUNNING, em ELSAESSER, 1990: 56-62.

haver uma seção de *fait divers*, em que crimes extraordinários e fatos bizarros eram diariamente noticiados, ao lado de folhetins que romanceavam os acontecimentos correntes. Museus de cera, como o de Madame Tussaud, em Londres, e Grévin, em Paris, com suas reproduções tridimensionais de figuras públicas e de situações mundanas, dispostas em cenários hiper-realistas, chegavam a atrair meio milhão de pessoas por ano.[10] O cinema, ao aportar neste ambiente dando movimento às imagens fotográficas e realistas do mundo, contribuiu de forma privilegiada para construir tecnicamente a "realidade", ao mesmo tempo em que a transformava em espetáculo. Registros de fatos reais, ficções, encenações e reconstituições formavam um amálgama indistinto, que saciava a fome do público por atualidades.

Logo, atualidade não designa somente o tipo de filme oferecido por Lumière, mas também as reconstituições que focalizavam assuntos de grande repercussão na imprensa e que não podiam ser filmadas ao vivo. Um gênero muito popular de atualidades era o de cenas de guerra. O conflito hispano-americano, por exemplo, foi assunto de inumeráveis filmes, que misturavam registros reais com encenações de batalhas navais usando miniaturas.[11] Quando irrompeu a guerra entre Rússia e Japão, a produtora Biograph usou cadetes da academia militar de St. John, em Syracuse, para encenar os movimentos de ataque e contra-ataque de infantaria, sendo imediatamente imitado por Edison, com um filme virtualmente idêntico.[12] O expediente não era exclusivo dos americanos: o inglês James Williamson usou um campo de golfe como locação para um filme sobre a guerra dos Bôeres (*Attack on a China Mission, 1903*).[13]

---

[10] SCHWARTZ, em CHARNEY, 2001: 411-440.

[11] Dois exemplos: *Bombardment of Matanzas* (Edward Amet, 1898) e *Battle of Manila Bay* (Blackton e Smith, 1898). MUSSER, 1990: 254-256.

[12] Respectivamente, *The battle of Yalu* (Johann Bitzer, 1904) e *Skirmish Between Russian and Japanese Advance Guards* (1904). Idem: 359.

[13] BARNOUW, 1974: 25.

Outra reconstituição notável foi a execução do anarquista Leon Czolgosz, que assassinou a tiros o Presidente William McKinley quando visitava a Exposição Panamericana. Edwin Porter, operador de Edison, filmou dois planos do exterior da prisão de Auburn, na manhã em que ocorreria a execução; e outros dois em estúdio, encenando a retirada do condenado da cela e sua morte na cadeira elétrica. O exibidor podia comprar os planos que lhe interessassem para compor o programa, podendo ainda optar por imagens do momento do assassinato, do cortejo fúnebre ou do enterro de McKinley.[14] Todos estes filmes partilhavam a mesma rubrica – eram atualidades. Não há indícios de que o público que consumia avidamente estas imagens se sentisse logrado pelo fato de algumas delas não serem autênticas. Elas valiam como representações espetaculares de acontecimentos do momento.

Em abril de 1896, pressionado pela iminente chegada do cinematógrafo aos Estados Unidos, Edison adotou apressadamente o vitascópio para fazer sua primeira projeção em tela. O programa era composto de cinco filmes feitos em estúdio e apenas uma vista filmada em exterior, produzida na Inglaterra por Robert Paul: *Rough Sea at Dover*. Um jornalista presente à sessão afirmou que "este foi de longe o melhor filme mostrado e teve que ser repetido muitas vezes".[15] Segundo Musser, Edison percebeu que "cenas da vida cotidiana costumavam ser recebidas com muito maior entusiasmo do que extratos de peças e atos de vaudeville".[16] Menos de dois meses depois, esta constatação seria plenamente confirmada, com a chegada do cinematógrafo Lumière aos Estados Unidos. As atualidades conquistaram imediatamente as platéias norte-americanas, pelo realismo, a qualidade fotográfica, a variedade dos filmes exibidos; e também, por constituírem uma espécie de "jornal da tela".

---

[14] MUSSER, 1990: 319-320.
[15] *New York Mail and Express*, 24 de abril de 1896, p. 12.
[16] MUSSER, 1990: 118.

Ao contrário da câmera quinetógrafo e do projetor vitascópio, o cinematógrafo era um aparelho reversível, que funcionava ao mesmo tempo como câmera, copiadeira e projetor. Leve e portátil, independente de corrente elétrica, podia ser facilmente transportado pelo mundo afora. E de fato, ao completar dois anos, já havia percorrido os cinco continentes, proporcionando ao catálogo Lumière um vasto inventário filmado da vida sobre a terra: gôndolas em Veneza, coroação de imperadores, cenas militares, torres e edifícios famosos, nunca antes vistos por uma população urbana ainda não acostumada a viajar. Em

O cinematógrafo pesava cem vezes menos que a câmera de Edison, podendo facilmente correr o mundo.

pouco mais de dois meses, os representantes da Maison Lumière ofereciam ao mercado norte-americano 24 máquinas e mais de 1.400 vistas.[17]

Neste primeiro período do cinema, o que predomina nos catálogos dos produtores são as atualidades, distribuídas em gêneros diversos — filmes de viagem, lutas de boxe, filmes de guerra, registro de acidentes e efemérides. A Biograph, que desde sua fundação já havia feito centenas de filmes em estúdio, realiza 117 produções na temporada 1900-1901, todas atualidades.[18] O panorama tende a mudar a partir de 1903, quando

[17] Idem: 139.
[18] Idem: 303.

os filmes encenados contendo vários planos e com duração entre cinco e quinze minutos começam a atrair a preferência do público. Um levantamento nos arquivos de Edison mostrou que, no verão 1904-1905, os filmes encenados em estúdio estavam vendendo 3,5 vezes mais do que as atualidades, uma proporção que provavelmente refletia a situação geral do mercado norte-americano.[19]

Nos dez anos seguintes às primeiras projeções públicas, o cinema afirmou definitivamente sua vocação como forma de entretenimento, nos mais diversos países, como França, Inglaterra, Estados Unidos e, em menor escala, Itália, Alemanha, Dinamarca e Suécia.[20] Embora a França tenha se mantido como principal produtora de filmes até a deflagração da Guerra de 1914, as mudanças mais radicais no sentido do estabelecimento de uma indústria cinematográfica mundial aconteceram do outro lado do Atlântico, em função da dinâmica econômica e cultural da sociedade norte-americana.

Este processo começa a se delinear a partir de 1903, quando os filmes deixam de ser vendidos aos pedaços e editados nos mais diversos formatos de programas, passando a ser alugados como produtos prontos, com duração definida. Ao mesmo tempo, as diferentes tecnologias empregadas nos primeiros modelos de projetores convergem para uma padronização de velocidade, bitola e formato das perfurações, tornando os filmes compatíveis e intercambiáveis. A prática de copiar filmes é inibida pela incorporação do cinema ao sistema de registro de direitos autorais, o que proporciona maior segurança para os investimentos em produção. Modifica-se também a função do exibidor, que deixa de ser um prestador de serviços itinerante, responsável pela operação do projetor, edição dos filmes, locução e efeitos sonoros durante a sessão. As exibições, antes feitas no intervalo de atrações musicais e circenses,

---

[19] Idem: 375.

[20] Para uma análise da composição do público de cinema nos primeiros tempos, sobretudo na França e na Inglaterra, ver BURCH, 1987.

Em 1905 surgem as salas de cinema. O primeiro nickelodeon *foi instalado em Pittsburgh. No ano seguinte já havia mais de 1.000 nos EUA, chegando a 10.000 em 1910. Um níquel de 5 centavos de dólar dava direito a uma sessão de 15 a 60 minutos.*

em salões e teatros de variedades, passam a ser realizadas em salas exclusivas e fixas, com sessões corridas e programas renovados até seis vezes durante uma mesma semana, dando início à chamada "era dos nickelodeons".[21] O enorme aumento da demanda por novos filmes e a responsabilidade da edição concentrada na mão dos produtores, e não mais dos exibidores, estimula a realização de filmes mais longos, compostos por maior número de planos. Este conjunto de mudanças possibilitou o surgimento de novas oportunidades comerciais e artísticas, com profundas implicações no modo de contar histórias.

A conquista vital neste sentido é o domínio da temporalidade, ou seja, a representação do tempo enquanto progressão narrativa. Nos primeiros tempos do cinema, as cenas eram organizadas de forma não linear, com repetições temporais e acavalamentos. Na primeira década do século XX surgiu a montagem paralela, que permite ao espectador dar saltos imaginários, interpretando imagens sucessivas

 Para uma descrição do processo de expansão de salas regulares de cinema na Europa, ver SADOUL, 1963: 67-70. A transformação das relações entre produtores e exibidores nos Estados Unidos, entre 1894 e 1907, é fartamente documentada em MUSSER, 1990.

como ações simultâneas. Relações espaciais entre interiores e exteriores, planos próximos e imagens correspondentes a um ponto de vista já eram isoladamente praticados desde os primórdios, mas não chegavam a se articular na criação de um espaço orgânico, habitado pelos personagens. Isto se fará com a adoção sistemática e regulada dos campos e contra-campos, dos movimentos de câmera, de uma iluminação nuançada e da substituição das pinturas planas de fundo por cenários naturalistas, dotados de profundidade e povoados por objetos de cena. Tudo contribuindo para superar a bidimensionalidade da tela através de uma ilusão de relevo. Mas este espaço não devia ser habitável somente por personagens. Era preciso captar o olho do espectador, fazer com que o seu próprio corpo se tornasse "o ponto de referência 'ao redor do qual' se constitui a *unidade* e a *continuidade* de um espetáculo cada vez mais fragmentado".[22] Para que o sujeito-espectador pudesse ser imaginariamente integrado ao espaço cênico, embarcando na viagem imóvel que caracteriza o regime de absorção diegética, um corpo de regras foi sendo paulatinamente inventado e convencionado.

Há uma relativa unanimidade entre os historiadores no sentido de atribuir a Griffith o papel individualmente mais destacado neste processo. Nos filmes de 10 a 15 minutos que realizou para a Biograph entre 1908 e 1913 – e foram mais de 420, quase dois por semana[23] – Griffith experimentou e exercitou a prática da filmagem em função da montagem narrativa, alcançando um privilegiado domínio da concatenação dos planos: entradas e saídas de quadro e mudanças de ponto de vista segundo regras de continuidade baseadas em *raccords* de direção, olhar e movimento. Em 1908, quando começou a dirigir, dificilmente os filmes produzidos pelos estúdios continham mais de vinte planos. Os seus atingiam mais de cem em 1913, ao romper com a Biograph, quando o avanço de suas conquistas narrativas se tornou incompatível

---

22 BURCH, 1987: 214 (Grifos do autor).
23 Somente no ano de 1909, Griffith dirigiu 138 filmes. WAKEMAN, 1987: 417.

De chapéu, Griffith dirige uma cena de Intolerância *(1916), ambicioso projeto com mais de quatro horas de duração. A montagem paralela interliga ações que se passam em diferentes lugares e épocas, do século VI a.C. à era contemporânea.*

com o padrão comercial de um único rolo imposto pela empresa. Esta inédita fragmentação das cenas possibilitava a reconstrução, através da montagem, de uma espacialidade e de uma temporalidade propriamente cinematográficas. Com Griffith, convencionaram-se princípios seqüenciais plenamente reconhecidos pelo espectador – o sistema de filmagem-montagem-fruição que até hoje, com pequenos acréscimos, costumamos chamar de "linguagem cinematográfica".

> Tomando os filmes de Griffith como referência, é possível observar o período 1908-1913 como um ponto de inflexão decisivo na história do cinema. Não é apenas uma progressão na decupagem que se verifica. É a consolidação de princípios de representação que inscrevem o cinema na tradição de uma literatura e de um teatro preocupados com o coeficiente de realidade na composição do imaginário.[24]

Ao galgar este patamar, o cinema deixava definitivamente de ser mais uma atração de vaudeville, para transformar-se em uma diversão

[24] XAVIER, 1984b: 45.

de massa em escala planetária. A condição de possibilidade desta conquista de *status* material, social e artístico foi o domínio de uma linearidade narrativa e das regras que a norteavam. Conseqüentemente, a afirmação de um modo de representação capaz de centrar o espectador, colocando-o dentro do relato, através da sua identificação com os sucessivos pontos de vista que a câmera lhe proporciona.

O processo de institucionalização do cinema se completou, ao longo da década de 1910, com a padronização e a estratificação dos programas entre uma parte principal – o longa-metragem de ficção – e os complementos – onde vão se acomodar as atualidades.[25] Esta parte introdutória à sessão de cinema formava um filão comercial que logo seria disputada pelos produtores, originando um novo produto: o *newsreel*, ou cinejornal. Em 1910 Charles Pathé iniciou a distribuição de programas contendo oito a dez filmes factuais, intitulados *Pathé-Journal*,[26] "noticiários cinematográficos" que apresentavam paradas e manobras militares, desastres, eventos esportivos e as mais variadas atrações. Os cinejornais traziam duas inovações: formavam um programa fechado, compatível com a crescente padronização da indústria; e eram renovados uma ou duas vezes por semana, assegurando ao mercado exibidor um suprimento regular de complementos.

Em pouco mais de dois anos, Pathé enfrentava a concorrência da Gaumont e de quatro grandes empresas produtoras norte-americanas: Hearst, Paramount, Universal e Fox. Esta padronização das atualidades,

---

[25] "Um longa-metragem, naqueles tempos de cinema mudo, era qualquer filme de mais de três rolos, ou cerca de trinta minutos – tempo que foi se expandindo e chegou a oitenta ou noventa minutos na década de 1920." SCHATZ, 1991: 32.

[26] Ao lançar seus cinejornais, Charles Pathé controlava o maior império cinematográfico do mundo. Sadoul se refere a ele como "O Napoleão do cinema. (...) Em 1909 ele vendia aos Estados Unidos duas vezes mais filmes do que todas as firmas americanas. Em 1913, os alemães diziam dele: 'Ganhou conosco bem mais do que os 5 bilhões pagos pela França após 1871". SADOUL, 1990: 232.

que as transforma em "um ritual composto", é interpretada por Erik Barnouw como um divisor de águas: "o período Lumière se encerrava".[27] Difícil concordar com esta periodização. De fato, o cinejornal criava um formato comercial seriado, mas não um novo modelo estético. O verdadeiro marco do fim do período Lumière será o lançamento de *Nanook of the North*, de Robert Flaherty, em 1922. Logo veremos o porquê.

Antes, convém destacar as características de um gênero particular de atualidades: o filme de viagem. Suas origens remontam a meados do século XIX, quando as palestras ilustradas com projeções de lanterna mágica passaram a atrair uma elite letrada desejosa de ampliar seus conhecimentos sobre localidades desconhecidas e culturas exóticas. As viagens a terras distantes ainda eram restritas a uns poucos aventureiros; e um público relativamente numeroso comparecia às conferências oferecidas por *globe-trotters* e exploradores. O palestrante era encarado como uma preciosa fonte de informações sobre um amplo leque de temas interligados, que iam da história à antropologia, da geografia aos conflitos mundiais.[28] Um dos mais renomados fotógrafos viajantes foi Burton Holmes, que em 1893, no Brooklin, iniciou sua atividade de conferencista, projetando diapositivos. Quatro anos mais tarde, Holmes inovou ao exibir, no encerramento das sessões, filmes por ele mesmo realizados. Burton Holmes cunhou o termo *travelogue*, para designar sua atividade, a palestra sobre viagem ilustrada com projeção de imagens, fixas ou em movimento.[29] Travelogue acabaria se tornando sinônimo de filme de viagem.

Presente nas telas de quase todas as capitais do mundo a partir de 1896, as vistas de Lumière contribuíram para tornar o filme de viagem

---

[27] BARNOUW, 1974: 26.
[28] MUSSER,1984, em ELSAESSER, 1990: 124.
[29] Holmes não gostava de ser chamado palestrante: "I'm a performer", dizia ele. WALLACE, em CALDWELL, 1977: 12.

Nesta foto de Burton Holmes, seu assistente Oscar Depue filma a Baía de Guanabara, do alto do Corcovado, em 1911.

um dos gêneros mais populares ao longo de toda a era pré-nickelodeon.[30] Comercializados como partes avulsas, possibilitando ao exibidor diversas formas de combinações em programas cinematográficos de variedades, os filmes de viagem muitas vezes eram editados com imagens promocionais de empreendimentos ou meios de transporte.

Entre 1903 e 1904, Edwin Porter realizou para o catálogo Edison alguns filmes híbridos, que mesclavam imagens típicas de atualidades e cenas dirigidas com atores. Em *Rybe and Mandy at Coney Island* (1903), Porter justapõe comédia e atualidades, editando vistas do famoso parque de diversões com cenas de dois cômicos caracterizados, circulando entre as atrações e armando trapalhadas. No catálogo, o filme é promovido como "interessante não só por seu aspecto humorístico, mas também por suas excelentes vistas de Coney Island e Luna Park".[31] Em *European*

---

[30] "Praticamente a metade das atrações principais listadas no catálogo da Vitagraph em 1903 eram assuntos de viagem. (...) Depois de *Life of an American Fireman* (1903), 61 dos 62 títulos seguintes registrados por Thomas Edison eram filmes de viagem". MUSSER, 1984, em ELSAESSER, 1990: 123.

[31] Edison Manufacturing Company, *Edison Films*, Nova Jersey, out. 1903, p.16. Citado por MUSSER, 1984, em ELSAESSER, 1990: 124.

Rest Cure (1904) Porter acompanha um turista americano em viagem de descanso à Europa sendo surpreendido por uma sucessão de acidentes e desastres físicos ou emocionais. Algumas cenas com o ator foram filmadas contra painéis pintados com pirâmides, ruínas romanas e um café parisiense. Outras foram feitas em um cais de embarque e desembarque de turistas. Porter editou as imagens originais com planos de diversos filmes de viagem feitos anteriormente por outros cinegrafistas a bordo de navios. Estes últimos podiam ser comercializados e exibidos separadamente.

Ao descrever estas experiências, Charles Musser sublinha que a flutuação entre os dois gêneros remete a um lançamento anterior de Edison e Porter, *The Life of an American Fireman* (1903), que era oferecido aos exibidores com duas diferentes descrições: como reencenação documental ou como filme de enredo. Durante a projeção, o exibidor podia enfatizar um aspecto ou outro. Segundo Musser, "para serem corretamente interpretados, estes filmes de transição devem ser entendidos dentro do quadro dos filmes de viagem".[32]

A onda avassaladora de consumo cinematográfico na era dos nickelodeons, a partir de 1907, estimulou o uso de filmes nas palestras sobre viagens, em substituição às lanternas fixas.[33] Por outro lado, com a crescente predominância das ficções nas salas de cinema, os filmes de viagem foram gradativamente perdendo o interesse junto ao público de massa. Seu prestígio ficou circunscrito à elite que freqüentava os cinemas mais sofisticados, herdeiros dos salões de conferências sobre geografia e etnologia, onde o que se buscava era informação, mais do que diversão.[34] Centenas de filmes de viagem foram realizados ao longo dos anos 1910

[32] Ibidem.

[33] MUSSER, 1990: 447.

[34] Sintomática desta adoção das atualidades pela elite, em contraste com a adoção generalizada das ficções pelas camadas populares, é a seguinte afirmação de um crítico francês: "As atualidades e os filmes de viagem conquistam um lugar importante nos programas dos teatros cinematográficos mais elegantes e só temos a lamentar que nem todos os públicos desfrutem deles do mesmo modo". *Ciné Journal*, 21 jun. 1909, citado por BURCH, 1987: 71.

e 1920, inclusive em longas-metragens.[35] O gênero se cristalizou em um modo de representação excessivamente focado no explorador, como elemento pivô de uma montagem descritiva de aspectos isolados da expedição. Em uma época marcada pela crescente afirmação dos códigos narrativos do cinema de ficção, o filme de viagem em particular, e as atualidades em geral, continuaram carentes de uma "escritura" fílmica própria, capaz de capturar o espectador e trazê-lo para dentro do mundo imaginário do relato.

---

[35] Entre tantos outros, *Jack London at the South Seas* (Martin e Osa Johnson, 1912); *Among the Canibal Isles of the South Pacific* (idem, 1918); *The Undying Story of Cap. Scott* (Herbert Ponting, 1913), sucessivamente reeditado e lançado com outros títulos; *In the Land of the Headhunters* (Edward Curtis, 1914), relançado em 1972 como *In the Land of the War Canoes*; *With Lawrence in Arabia* (Lowell Thomas, 1918), que apresentou T. E. Lawrence ao mundo ocidental. Para um amplo inventário comentado dos filmes de viagem, ver BRONLOW, 1979.

2 O Protótipo de um Novo Gênero

Nanook of the North é o resultado de mais de dez anos de contatos do explorador norte-americano Robert Flaherty com os Inuik que habitavam a região da Baía de Hudson, no norte do Canadá. Antes de partir para a sua terceira expedição à área, em 1913, Flaherty foi persuadido por seu financiador, o construtor de ferrovias William Mackenzie, a levar consigo uma câmera de filmar. Um curso básico de fotografia em Rochester, EUA, permitiu a Flaherty registrar abundante material descritivo sobre os hábitos cotidianos dos esquimós, nas expedições que fez até 1916. Quando a edição de seu filme já estava praticamente concluída, um descuido com o cigarro causou um incêndio que consumiu todos os negativos. Restou-lhe um copião de trabalho, usado para tentar levantar fundos para um novo filme. Só após a guerra, em 1920, conseguiu os recursos necessários.

Seu filme, apesar da incredulidade dos primeiros distribuidores procurados, foi afinal lançado pela Pathé, em junho de 1922, e recebido como uma revelação:

Já foram feitos muitos bons filmes de viagem, muitos "panoramas" deslumbrantes, mas só há um que merece ser considerado excelente: *Nanook of the North*. Este permanece sozinho, literalmente uma classe em si mesmo. Realmente, nenhuma lista dos melhores filmes, deste ano ou de todos os outros anos na breve história do cinema, poderia ser considerada completa sem ele.[1]

As palavras de Robert Sherwood – autor de discursos presidenciais, roteirista, historiador e influente crítico cinematográfico – revelam de forma eloqüente o impacto causado por *Nanook of the North* junto ao público, à crítica e aos cineastas. A novidade radical deste filme estava na abertura de um novo campo de criação situado entre os filmes de viagem e as ficções, sem se identificar propriamente com nenhum dos dois modelos. Em outras palavras, era o fruto do encontro do travelogue com o modo de representação ficcional que alguns anos antes se instituíra.

Em que *Nanook of the North* se diferenciava dos inúmeros filmes de viagem realizados na sua época? Em primeiro lugar, enquanto estes invariavelmente eram centrados na figura do viajante-explorador-realizador, ilustrando visualmente um relato em primeira pessoa, o filme de Flaherty articulava-se em torno da vida de uma comunidade; o cineasta era elidido, tal como o narrador da ficção cinematográfica. Em segundo lugar, os filmes de viagem filiavam-se ao modelo Lumière de observação da realidade, bem como a uma ideologia documental anterior ao próprio cinematógrafo, que submetia as imagens a uma perspectiva educativa. O resultado costumava ser uma abordagem meramente descritiva da natureza e dos costumes dos povos visitados: "um fato aqui, outro ali, sem costura", conforme criticou o próprio Flaherty.[2] Seu filme inovava ao colocar os fatos que testemunhou em uma perspectiva dramática: construía um personagem – Nanook e sua família – e estabelecia um antagonista – o meio hostil dos desertos gelados do norte. Finalmente, era da tradição dos filmes de viagem organizar seqüências segundo o fio cronológico do roteiro fisicamente percorrido. Em *Nanook of the*

[1] SHERWOOD, em JACOBS, 1979: 15.
[2] Citado por BARNOUW, 1974: 35.

Robert Flaherty

North, pela primeira vez, o objeto de filmagem era submetido a uma interpretação, ou seja, uma desmontagem analítica daquilo que foi registrado, seguido de uma montagem cuja lógica central necessariamente escapava à observação instantânea e só poderia decorrer de um conjunto de detalhes habilmente sintetizados e articulados.

Nos anos que antecederam a realização de *Nanook of the North*, Flaherty amadureceu a autocrítica da primeira versão de seu filme e decidiu criar algo inteiramente diferente. Ao optar por concentrar-se na vida de um esquimó e sua família, estava partindo de um princípio próximo ao das ficções cinematográficas. Princípio este que lhe possibilitaria desenvolver situações tocantes e emocionalmente densas, que não costumavam ser exploradas nos registros de viagem. Por exemplo: as cenas da indigestão das crianças ou dos contatos de Nanook com seu filho mais velho. Possibilitaria, também, manter o interesse do espectador através da construção de tensão e suspense, como na luta dos esquimós contra a pesada morsa ou na pesca da foca, que só é revelada no final da seqüência.

Flaherty incorporou a *Nanook of the North* as conquistas, ainda relativamente recentes, da montagem narrativa, que resultam na manipulação do espaço-tempo, na identificação do espectador com o personagem e na dramaticidade do filme. Na seqüência da construção do iglu, a relação interior-exterior é criada por uma dinâmica edição de 36 planos e 8 cartelas. Flaherty monta alternadamente duas séries de planos – os filhos brincando e os pais trabalhando – em que a sucessão

Nanook se prepara para arpoar a morsa. Depois de uma longa e arriscada viagem, Flaherty filma dezenas de planos, que resultam em uma das seqüências mais elaboradas do filme. Abaixo, Nanook abraça seu filho.

das imagens na tela corresponde a uma simultaneidade imaginária. O mesmo princípio é empregado na seqüência da captura da morsa, onde vemos dois planos de um grupo de esquimós olhando o mar – os observadores – se alternarem com outros dois planos da manada de morsas nadando – as observadas. Micro-narrativas são inseridas em seqüências mais longas, proporcionando detalhes que humanizam o relato, como na sucessão de três planos em que o filho de Nanook provoca a raposa prisioneira, dentro da seqüência da viagem na neve.

Comentando a evolução de Flaherty entre a primeira filmagem e a obra definitiva, Barnouw sintetiza o alcance do método narrativo adotado em *Nanook of the North:*

Desta vez ele tinha sido capaz de prever problemas de montagem, criando *closes* providenciais, contra-campos e algumas panorâmicas horizontais e verticais, para proporcionar momentos reveladores. Flaherty – ao contrário dos documentaristas anteriores – aparentemente dominava a "gramática" cinematográfica como ela tinha evoluído no filme de ficção. Esta evolução não tinha apenas mudado técnicas, tinha transformado a sensibilidade do público. A capacidade de testemunhar um episódio de muitos pontos de vista e distâncias, em rápida sucessão –

um privilégio totalmente surrealista, sem paralelo na experiência humana – tinha se incorporado de tal modo ao hábito de ver filmes que já era inconscientemente considerada "natural". Flaherty neste momento já tinha absorvido este mecanismo do filme de ficção, mas o aplicava a um material não inventado por um escritor ou diretor, nem encenado por atores. Logo, o drama, com seu potencial de impacto emocional, casava-se com algo mais real – pessoas sendo elas mesmas.[3]

As seqüências de *Nanook of the North* são formadas por uma quantidade de planos pouco comum em filmes não-ficcionais. A já mencionada caça da morsa contém 38 planos, proporcionando uma ágil mudança de pontos de vista e de variação da escala de planos, com vários movimentos de câmera. A figura do campo/contra-campo, presente em diversos momentos do filme, por vezes se combina com um plano que reproduz o ponto de vista do personagem, um recurso de subjetivação que vinha sendo utilizado nas ficções. É o caso das morsas vistas pelos esquimós ou do lobo rugindo para Nanook na seqüência em que comem a foca recém pescada.

Nem sempre as regras de continuidade são adotadas de forma rigorosa. Em alguns cortes, os movimentos de dois planos contíguos não são perfeitamente concatenados. Em outros, caiaques e trenós subitamente parecem se inverter no espaço. Outra prova da não adoção plena das técnicas narrativas são os eventuais olhares para a câmera, interditados pelas normas da decupagem clássica dos filmes ficcionais por funcionarem como um elemento de distanciamento que dificulta o centramento do sujeito-espectador.[4] As características pioneiras e

---

[3] BARNOUW, 1974: 39.

[4] O olhar para a câmera, que equivale ao olhar nos olhos do espectador na sala de cinema, desvela a artificialidade da filmagem e, como tal, foi regulamentada nos estúdios norte-americanos desde antes de 1910: "a Selig inclui nas instruções destinadas a seus atores contratados a proibição expressa de olhar para a câmera. A maioria das outras firmas americanas parece que adotaram esta regra, também na mesma época." BURCH, 1987: 221. Barthes formula dramaticamente

limítrofes de *Nanook of the North* dificultam uma interpretação mais definida destas desigualdades. Algumas delas se repetirão nos futuros filmes de Flaherty, o que levanta dúvidas a respeito de suas origens — uma insegurança técnica ou uma marca de estilo do realizador?[5] De todo modo, a inovação fundamental de Flaherty consistiu na adoção de técnicas narrativas em um terreno onde antes só havia lugar para a mais pura descrição.

Estaríamos, então, diante de um filme de ficção como qualquer outro? Voltemos à crítica de Robert Sherwood:

> A espinha dorsal de todo filme é a continuidade — e com isto não me refiro a enredo (*plot*). *Nanook of the North* não tem nenhum tipo de enredo, prescinde perfeitamente dele, mas tem continuidade. A organização das cenas é segura, lógica e consistente.[6]

Os termos empregados por Sherwood ajudam a esclarecer a natureza narrativa muito particular dos filmes de Flaherty. Enredo (*plot*) designa as ações específicas que são apresentadas na tela, enquanto história (*story*) significa a ação global, na sua ordem cronológica. Uma mesma história pode dar lugar aos mais variados enredos.[7] Os filmes de ficção, no modelo clássico, contam histórias através de enredos conclusivos, em que a cadeia de eventos apresentados se liga por fortes

esta interdição: "Um único olhar vindo da tela e colocado sobre mim, todo o filme estará perdido". BARTHES, 1982: 282.

[5] Brian Winston não tem dúvidas e afirma categoricamente: "Flaherty, apesar de Nanook, parece nunca ter compreendido como os filmes são feitos e nunca realmente criou uma alternativa para as práticas normativas que ele permaneceu ignorando. Se Flaherty tivesse oferecido uma alternativa coerente para as regras de continuidade e narrativa, o seu solene desprezo por elas seria mais do que aceitável e seu lugar como um importante inovador, o homem que não só criou a narrativização mas também liberou-a da montagem hollywoodiana, estaria garantido". WINSTON, 1995: 109.

[6] SHERWOOD, op. cit.: 15.

[7] KONIGSBERG, 1993: 263.

laços de causalidade. Em *Nanook of the North*, ao invés de um roteiro prévio, Flaherty baseou-se, como muitos etnógrafos, em anos de "observação participante". Mas, para expressar o modo de vida dos esquimós, descartou a mera descrição e organizou micro-narrativas, sem que uma concatenação causal as ligasse em vista de um desfecho. Esta espécie de narratividade frouxa, longe de parecer um defeito, soa consistente, porque decorre diretamente da convivência, como uma dramatização dos aspectos considerados essenciais nas situações observadas. Segundo o próprio Flaherty,

> o documentário é filmado no próprio lugar que se quer reproduzir, com as pessoas do lugar. Assim, o trabalho de seleção será realizado sobre material documental, com a finalidade de narrar a verdade da forma mais adequada e não dissimulando-a por trás de um elegante véu de ficção, e quando, como corresponde ao âmbito de suas atribuições, infunde à realidade o sentido dramático, este sentido surge da própria natureza e não unicamente da mente de um escritor mais ou menos engenhoso.[8]

Extrair do próprio ambiente os elementos fundamentais do drama – esta é a base de um método de trabalho aperfeiçoado por Flaherty filme após filme, em todos os seus longas-metragens.[9] Como corolário deste método, Flaherty nunca escalou atores profissionais, convocando os próprios membros da comunidade para encenarem diante da câmera os seus gestos cotidianos – "pessoas sendo elas mesmas", no dizer de Barnouw. Nem sempre é o que se vê. Consta que a verdadeira esposa de Nanook foi substituída, no filme, por outra mulher da preferência de

---

[8] FLAHERTY, em RAMIÓ, 1985: 157.
[9] *Nanook of the North* (1922), *Moana* (1926), *Man of Aran* (1934) e *Louisiana Story* (1948). Flaherty dirigiu alguns curtas-metragens e colaborou em projetos de longas que, por motivos diversos, preferiu não assinar como co-diretor.

Flaherty; [10] em *Man of Aran* (1934), o papel do herói, Tiger-King, não foi desempenhado por um ilhéu, mas por um indivíduo que Flaherty considerou fotogênico.[11] O essencial para ele não era a real identidade de alguém, mas a sua função no filme, associada a um desempenho que infundisse credibilidade.

O Homem de Aran: *situações reconstruídas para dar sentido épico à luta do homem contra a força do mar.*

A mesma ambivalência pode ser notada na insistência de Flaherty em encenar situações tradicionais que já não faziam parte da vida da comunidade, mas que serviam ao seu propósito central de representar idilicamente o conflito entre o homem e a natureza hostil. Os esquimós quase não caçavam morsas, muito menos com arpão. Os habitantes de Samoa não usavam mais as roupas tradicionais vistas em *Moana*, nem mantinham a tatuagem como um rito de passagem. Como os pescadores da ilha de Aran não pescavam mais tubarões, foi preciso capturar um a centenas de quilômetros, no Golfo de Biscaia, para que uma seqüência de pesca fosse filmada. Esta defasagem entre a vida atual do grupo e o seu passado tradicional não constituía um problema maior para Flaherty:

[10] O filme de ficção *Kabloonak* (Claude Massot, 1993), que narra o contato de Flaherty com os Inuik e o processo de filmagem de *Nanook of the North*, encena esta substituição.
[11] BARSAM, 1992: 50.

ele sabia que as platéias nem sempre esperavam uma fiel representação da realidade, que preferiam o artifício relativamente superior dos filmes de ficção e que os filmes não-ficcionais as atraíam com recursos como a reconstituição. Flaherty entendeu que o cinema não é uma função da antropologia ou da arqueologia, mas um ato da imaginação; é tanto a verdade fotográfica quanto uma reorganização cinemática da verdade. Diante de acusações de ter reencenado situações, Flaherty dizia: "Às vezes você precisa mentir. Freqüentemente você tem que distorcer uma coisa para captar seu espírito verdadeiro".[12]

Voltaremos à questão da caracterização, da reconstituição e da encenação em diferentes tendências do documentário. O que nos parece importante reter, neste ponto, é a contribuição original de Flaherty no sentido de criar um método de pesquisa, filmagem e montagem que inaugura uma "narratividade documentária"; e o fato de que este método não seria possível sem a "sintaxe narrativa" do modo de representação que recentemente se instituíra.

O êxito de público e de crítica de *Nanook of the North* abriria horizontes inteiramente novos para um cinema preocupado com o registro da realidade. Neste sentido, tornou-se o protótipo de um novo gênero e pode ser considerado o fechamento definitivo do período Lumière. Mas, para que a tradição do documentário se estabelecesse propriamente, ainda seria preciso esperar mais de uma década, até que surgisse uma retórica capaz de dar ressonância ao protótipo construído por Flaherty. Este papel estaria reservado a John Grierson.

[12] Idem: 52.

3 Ao Encontro de uma Finalidade Social

O escocês John Grierson foi o idealizador e principal organizador do movimento do filme documentário, que se desenvolveu na Inglaterra a partir de 1927. Naquele ano Grierson voltava de uma permanência de 27 meses nos Estados Unidos, para onde viajou com a intenção de pesquisar os efeitos sociais da imigração e acabou em Hollywood, atraído pela disponibilidade de dados sobre as preferências cinematográficas do público norte-americano.[1] Este desvio de rota seria determinante para o desenvolvimento de toda uma vida dedicada ao documentário.

Grierson era um reformista moderado, com formação universitária em filosofia moral e metafísica, que acabara de concluir uma especialização em ciências sociais e procurava os meios para colocar em prática um projeto de educação pública através do cinema.

A idéia do documentário não era de modo algum uma idéia cinematográfica. O tratamento fílmico que ela inspirava era um aspecto puramente acidental. O meio nos parecia o mais conveniente e o mais

---

[1] Após concluir sua formação universitária na Universidade de Glasgow, em 1924 Grierson recebeu uma bolsa da Fundação Laura Spellman Rockfeller para desenvolver, junto à Universidade de Chicago, a pesquisa: "Imigração e seus Efeitos nos Problemas Sociais dos Estados Unidos". Em Hollywood, sua recente especialização em opinião pública o habilitou a trabalhar como consultor para a Famous Players Lasky (Paramount). AITKEN, 1990: 48. Entre as diversas fontes consultadas, o livro de Ian Aitken se revelou a mais bem fundamentada biografia de John Grierson. Sempre que não houver menção a outro autor, esta foi a fonte das referências à vida e obra de Grierson.

excitante disponível. Por outro lado, a idéia em si era uma idéia nova para a educação pública. Seu conceito subjacente era o de que o mundo vivia um período de mudança drástica que afetava todos os modos de pensar e de agir; e a compreensão pública da natureza destas mudanças era vital.[2]

Nos Estados Unidos, Grierson ficou vivamente impressionado com filmes épicos sobre a conquista do oeste e a formação da nação, como *The Covered Wagon* (James Cruze, 1923) e *The Iron Horse* (John Ford, 1924), cujas imagens galvanizavam a consciência patriótica e cívica do povo americano. Ao mesmo tempo, se convenceu de que os métodos educacionais tradicionais eram insuficientes para enfrentar os desafios colocados pela sociedade de massa emergente. Para que o público fosse capaz de apreender a complexidade do mundo industrial moderno, era necessário recorrer a novas técnicas de comunicação e persuasão. E o cinema, com seus padrões dramáticos e sua capacidade de capturar a imaginação das platéias, possuía um grande potencial a ser explorado no campo da difusão de valores cívicos e na formação da cidadania.

O cinema inglês no final dos anos 1920 não apresentava condições propícias ao desenvolvimento prático das idéias de Grierson. Os filmes americanos dominavam 95% do mercado e, para fazer frente a esta concorrência, os produtores ingleses vinham apelando para o sentimentalismo. Grierson compreendeu que a natureza educativa de seu projeto teria melhor receptividade no âmbito governamental do que no ambiente do cinema comercial. E procurou aproximar-se de Stephen Tallents, secretário do Empire Marketing Board (EMB), o mais importante organismo estatal inglês dedicado a propaganda, que estabeleceu o arquétipo dos serviços governamentais de relações públicas.

[2] John Grierson, "The Documentary Idea: 1942". Em HARDY, 1946: 180.

Desde o final da Guerra, a Inglaterra enfrentava um quadro de depressão econômica e vinha reorganizando sua economia. Para reduzir as importações, uma reforma tarifária se fazia necessária, mas era protelada pelo conservadorismo liberal dominante. Em 1926, o EMB havia sido criado para promover pesquisas e produzir publicidade, visando conquistar a preferência dos consumidores por produtos do Império Britânico através da persuasão. A possibilidade de utilização do cinema como "um poderoso instrumento de educação no mais amplo sentido da palavra",[3] foi reconhecida pela Conferência Imperial de 1926, em sintonia com as propostas que Grierson trazia a Tallents. Mas que chegavam com algumas semanas de atraso.

John Grierson

Apesar de fortemente impressionado com o carisma de Grierson, Tallents acabara de contratar Walter Creighton para realizar a primeira produção cinematográfica do EMB, *One Family*, um longametragem ficcional roteirizado por aquele que o indicara, o poeta conservador Rudyard Kipling, primo do Primeiro Ministro Stanley Baldwin. Enquanto Creighton foi passar alguns meses em Hollywood para aprender os rudimentos do ofício de diretor, Tallents pediu que Grierson lhe apresentasse suas idéias sobre cinema em uma série de relatórios.

---

[3] 13º Relatório do Sub-comitê Econômico Geral, citado por AITKEN, 1990: 96.

O primeiro relatório preparado por Grierson intitulava-se "Notas para os Produtores Ingleses". A seção introdutória, "Cinema e Público - um Comentário Sobre as Reações do Público e as Condições do Apelo Popular no Cinema", continha um resumo de suas pesquisas sobre os resultados de bilheteria do cinema norte-americano. A segunda parte, "A Produção do Cinema Inglês e a Tradição Naturalista", trazia um esboço dos objetivos e das características estéticas daquilo que viria a ser o documentário inglês. E concluía com a sugestão de que o EMB produzisse inicialmente "uma série de curtos cinejornais exaltativos".[4]

Esta sugestão mostra o quanto Grierson procurou se adaptar às possibilidades do EMB, descartando uma intenção inicial de realizar filmes épicos de grande orçamento e concentrando seus esforços na implantação de uma unidade de produção dedicada a filmes de curta-metragem baseados em materiais factuais, na linha das atualidades e dos cinejornais. Grierson mais tarde justificaria:

> A escolha do documentário foi feita parcialmente em bases pessoais, e parcialmente em bases de bom senso financeiro. (...) Documentário é barato; (...) permite a maximização da produção e do treinamento dos diretores, por um valor baixo. Permite também a organização de toda uma máquina de produção e distribuição pelo preço de um único filme comercial para cinemas.[5]

Em meados de 1927, Grierson viajou pela Europa e procurou assistir "todos os filmes de propaganda existentes entre Moscou e Washington".[6] De volta a Londres, elaborou um segundo relatório, "Notas Adicionais Sobre Produção Cinematográfica", no qual sugeria

---

[4] "Notes for English Producers". Public Records Office, Londres. Citado por AITKEN, 1990: 100.

[5] "The EMB Film Unit". Em HARDY, 1946: 100.

[6] Idem: 99.

que o EMB criasse seu próprio sistema de produção, distribuição e exibição, uma vez que os objetivos propagandísticos e educativos da instituição dificilmente seriam atendidos pelo circuito comercial, movido exclusivamente pelo interesse do lucro.

O cerne da proposta de Grierson a Tallents era associar a publicidade dos produtos do Império à criação de uma cinematografia voltada para a promoção da integração social e de uma cidadania madura. Em seu primeiro relatório, Grierson argumentava que o cinema americano tinha logrado um alto nível de comunicação com o público, mas as questões sociais costumavam ser diluídas em histórias que enfatizavam conflitos amorosos e dilemas individuais. No cinema soviético ocorria o oposto: as questões individuais, capazes de motivar a identificação do público, eram submetidas aos aspectos sociais e políticos. Para realizar um cinema eficazmente comprometido com a educação pública, era necessário chegar a uma síntese entre a representação das questões individuais e sociais. E o gênero das atualidades bem poderia oferecer uma base para esta síntese.

Mas era preciso criar algo novo neste campo das atualidades, que fosse além da mera descrição dos fatos. Os filmes do EMB deveriam ser rodados em ambientes naturais e, com base em argumentos simples, traduzir a complexidade da vida moderna em padrões dramáticos acessíveis. Grierson estava convencido de que filmes de propaganda, para obterem êxito, necessitavam alto nível técnico e tratamento cinematográfico apurado:

> estes filmes devem evitar o destino dos filmes industriais comerciais e dos filmes chamados educativos do passado; e para que sejam realmente efetivos para os objetivos de educação e propaganda, eles terão que ser feitos em linhas inteiramente originais. Aqueles filmes têm organizado suas cenas de modo desigual, sem valorizar devidamente o tempo, o

ritmo e a composição; sem compreender que, mesmo quando não há uma história, efeitos intensamente excitantes podem ser obtidos explorando o movimento das massas de modo dramático.[7]

No segundo semestre de 1928 Grierson filma Drifters, *com o suporte técnico do fotógrafo Basil Emmott, da New Era Films.*

A oportunidade para demonstrar estes conceitos foi *Drifters*, um filme de 58 minutos sobre a pesca de arenque – o primeiro e único que Grierson dirigiu. A produtora New Era Films foi contratada para dar apoio técnico, enquanto a supervisão geral e os direitos patrimoniais permaneciam com o EMB, que assim inaugurava suas atividades no campo cinematográfico. *Drifters* exalta o trabalho dos pescadores em alto mar e finaliza com o escoamento do pescado em trens e navios para o consumo. O êxito de *Drifters* – em contraponto à limitada repercussão que viria a ter o filme de Creighton – consolidou a influência de Grierson junto a Tallents e abriu o caminho para a reunião de um grupo de colaboradores integralmente dedicados à realização de documentários.[8]

[7] "Notes for English Producers", op. cit. Citado por AITKEN, 1990: 100.

[8] Os membros do EMB Film Unit, por ordem de entrada, foram: Basil Wright, John Taylor, o cinegrafista J. D. Davidson, Arthur Elton, J.N.G. Davidson, Edgar Anstey, Paul Rotha; Marion

Ao invés de convocar profissionais com experiência técnica, Grierson preferiu selecionar jovens que não trouxessem consigo os vícios comerciais da indústria cinematográfica e, sem maiores questionamentos, aceitassem trabalhar sob sua orientação estrita. Com exceção de alguns cinegrafistas, os membros do grupo se destacavam mais por sua formação acadêmica do que pela relação prática com o cinema.

O primeiro ano de atividade da EMB Film Unit foi dedicado à realização de filmes de 30 segundos e curtas-metragens de propaganda, inteiramente baseados na montagem de imagens de arquivo. Deste modo, com o pequeno orçamento de que dispunha, Grierson conseguiu conjugar seus objetivos de proporcionar uma formação técnica e uma unidade de propósitos ao grupo, ao mesmo tempo em que apresentava produtos capazes de justificar, para os dirigentes da instituição, a necessidade de investimentos mais generosos na realização e distribuição de filmes. Paralelamente, Grierson desenvolveu um intenso trabalho de promoção do movimento do documentário junto à crítica especializada e às autoridades, através de artigos, palestras e contatos.

Esta estratégia resultou na obtenção dos recursos necessários à contratação de Flaherty para a realização de *Industrial Britain*, um filme sobre o processo de transformação da indústria inglesa, da era do vapor à era do aço. Assim, Grierson agregava ao EMB a chancela de um cineasta internacionalmente renomado e aperfeiçoava o treinamento técnico e artístico de seu grupo. Em contraste com o caráter autoral das obras anteriores de Flaherty, o projeto foi desenvolvido dentro do espírito de equipe que caracterizava a unidade de cinema – Basil Wright e Arthur Elton filmaram cenas complementares e a montagem ficou a cargo de Edgar Anstey, sob supervisão de Grierson. O processo de trabalho

Grierson, irmã de Grierson, e sua amiga Evelyn Spice; os cinegrafistas Jonah Jones, Chick Fowle e Fred Gamage; Stuart Legg e Harry Watt. Para não provocar a hostilidade do Tesouro, que restringia a expansão dos organismos estatais, todos foram contratados através da produtora New Era. Grierson foi o único funcionário contratado diretamente pelo governo.

confirmou afinidades, mas também evidenciou diferenças de concepção cinematográfica. Enquanto Grierson se preocupava em sublinhar a crescente complexidade da indústria moderna, Flaherty focalizava nostalgicamente as habilidades artesanais de vidreiros e poteiros. O resultado final reflete esta dissonância.[9]

A unidade de cinema do EMB trabalhou sob a direção de Flaherty e a supervisão de Grierson em Industrial Britain.

Em 1931 a Film Unit retomou cinco projetos de curtas, com duração de aproximadamente 30 minutos cada, que haviam sido interrompidos desde a chegada de Flaherty. Estes cinco primeiros filmes não possuíam qualidades estéticas especialmente relevantes e formaram um lote, encabeçado por *Industrial Britain*, que se tornou conhecido como *The Imperial Six*.[10] Oferecido aos exibidores, não conseguiu ser lançado nos cinemas comerciais. Diversos fatores contribuíram para isso. Os filmes curtos não haviam sido incluídos na legislação protecionista ao cinema inglês criada em 1927. Era difícil acomodá-los no programa, que naquela época deixara de ser composto por um longa-metragem e

[9] BARSAM, 1992: 90-93; e AITKEN, 1990: 121.
[10] Os demais filmes eram *The Country Comes to Town, O´er Hill and Dale, Lumber, Upstream* e *Shadow on the Mountain*. AITKEN, 1990: 121.

diversos complementos, passando a ser formado por dois longas. O mercado hostilizava a produção estatal e, além disso, os exibidores dispunham, a preço baixo, de opções como o *cartoon* e o *newsreel*, considerados mais populares do que os documentários oficiais.

A solução encontrada por Grierson para a circulação dos seus filmes foi retomar os planos originais de um sistema alternativo de distribuição e exibição, composto de salas especiais, escolas, sindicatos, associações e unidades móveis. Este sistema paralelo de veiculação fez do EMB a maior rede de cinema educativo na Inglaterra. Por outro lado, manteve os documentários à margem do mercado comercial e do contato com o grande público, criando uma contradição que nunca seria resolvida: um sistema fundamentado em uma retórica de comunicação de massa, mas que resultava em filmes vistos por uma platéia selecionada e minoritária.

Os esforços para tornar estável uma unidade de produção estatal semi-autônoma sempre encontraram resistências por parte da burocracia, especialmente dos oficiais do Tesouro. Estas resistências se intensificaram a partir de 1931, resultando em uma progressiva redução orçamentária que impossibilitou a consolidação da Film Unit. Grierson procurou alternativas fora do EMB e obteve encomendas de documentários para empresas privadas, como a Voice Gramophone Company e a Chesterfield Education Authority; para outros órgãos públicos, como o General Post Office (GPO), o Telephone Advisory Service, o Ministério da Agricultura e da Pesca; e para instituições do Império Britânico que operavam em colônias e protetorados, como o Ceylon Tea Board. Estas iniciativas se mostraram providenciais quando, em 1933, uma reforma tarifária esvaziou a razão de ser do EMB e acabou por acarretar sua extinção. Stephen Tallents foi então nomeado para o setor de relações públicas do GPO e conseguiu obter do Tesouro uma autorização provisória para levar consigo todo o grupo de documentaristas e dar continuidade aos projetos em curso.

O GPO não se mostraria uma base institucional mais sólida que o EMB. Às pressões do Tesouro somaram-se as do recém-criado British Film Institute, que ambicionava absorver atribuições do grupo de Grierson e tornar-se o único intermediário entre governo e indústria cinematográfica; e as do setor privado, que questionava a concorrência de uma produtora de filmes para clientes diversos operando, com recursos públicos, dentro de um órgão responsável por fazer funcionar os correios e telégrafos.

Em conseqüência destas pressões, a partir de 1935 alguns membros da Film Unit começaram a deixar o GPO para fundar núcleos de produção de documentários junto a outras empresas, como a Shell, ou produtoras independentes, como a Strand Film Unit e a Realist Film Unit. Esta aparente dispersão, ao invés de enfraquecer, fortaleceu ainda mais o movimento, que passou a contar com uma entidade representativa, a Associated Realist Film Producers, e uma publicação especializada, a World Film News. Em junho de 1937 foi a vez de Grierson deixar o GPO para fundar o Film Centre, dedicado à prospecção de clientes e à obtenção de novos contratos para a realização de documentários.

Paralelamente à obra fílmica, os documentaristas propagaram suas idéias em jornais, revistas, palestras e os mais variados meios de intervenção pública. Seus filmes foram os primeiros a levar à tela as imagens dos trabalhadores ingleses, criando as bases para o desenvolvimento de um cinema realista na Inglaterra. Por suas qualidades formais, alguns títulos do período EMB/GPO tornaram-se clássicos, entre eles *Drifters, Industrial Britain, Song of Ceylon* (Basil Wright, 1935), *Coal Face* (Alberto Cavalcanti, 1936) e *Night Mail* (Basil Wright e Harry Watt, 1936). No entanto, entre mais de 300 documentários, a maior parte constitui uma produção educativa rotineira. E mesmo os clássicos eram predominantemente marcados pelo formalismo, a ponto de Edgar Anstey afirmar que "a forma era tudo". E acrescentar: "narrativa não era mais que um aspecto da forma em que as imagens eram compostas – imagens que podiam ser estilizadas quase ao ponto da abstração".[11]

Se o objetivo supremo de Grierson era a educação para a cidadania, não deixa de ser paradoxal que os filmes que produziu fossem tão formalistas e evitassem sistematicamente aprofundar as questões sociais e econômicas. Em grande parte isto se devia às limitações ideológicas e políticas de um trabalho realizado sob a tutela do Estado. Estas limitações eram conscientemente assumidas:

> As reais questões econômicas subjacentes à pesca do arenque no Mar do Norte, os problemas sociais inerentes a qualquer filme que abordasse seriamente a região industrial, estavam fora da jurisdição de uma unidade de cinema organizada dentro de um departamento do governo que tinha como objetivo "tornar vivo o Império". Os diretores sabiam disso e, sabiamente, eu acho, evitavam qualquer análise econômica e social importante.[12]

Uma questão de fundo era a inadequação entre a intenção de Grierson de produzir filmes dentro do serviço público e a ideologia liberal vigente na Inglaterra, que defendia a livre-empresa e um papel não produtivo do Estado. Some-se a isso a progressiva necessidade de redução de gastos públicos causada pelo aprofundamento da recessão no período entre guerras. E, não menos importante, o fato dos objetivos reformistas propagados pelo movimento do documentário serem encarados como "esquerdistas" por alguns membros dos governos conservadores.[13]

Grierson sempre caminhou sobre o fio da navalha, consciente de que a volumosa soma de recursos de que necessitava não poderia

---

[11] ANSTEY, 1966: 2.
[12] ROTHA, 1936: 127.
[13] Com exceção da administração trabalhista entre 1929-1931, todos os governos ingleses do período foram conservadores.

depender do mercado exibidor nem de uma eventual filantropia privada. Boa parte de seus esforços foi dedicada à tentativa de legitimar o trabalho da Film Unit, como um serviço de utilidade pública acima de interesses pessoais ou partidários.

> Foi na interpretação educacional e não na interpretação política ou estética que o filme documentário encontrou uma "demanda", logo, tornou-se financiável. Este ponto é de grande importância na apresentação do filme documentário como uma contribuição fundamental para a informação governamental e também para a teoria educacional. Tornou-se financiável porque, por um lado, foi ao encontro da necessidade do governo de um meio atraente e dramático que pudesse interpretar as informações do Estado. Por outro lado, foi ao encontro da necessidade dos educadores de um meio atraente e dramático que interpretasse a natureza da comunidade. Um proporcionava o público; o outro, o patrocínio. Assim fechava-se o ciclo econômico.[14]

A obra maior de Grierson, como teórico, produtor e administrador, consistiu na laboriosa construção deste "ciclo econômico", criando as condições para que o movimento do documentário pudesse se afirmar. Sua persistência em trabalhar dentro de órgãos públicos, apesar de tantos obstáculos, estava intimamente ligada a uma concepção do Estado e das elites na sociedade, decorrente de sua formação filosófica e de suas convicções políticas, conforme demonstrou Ian Aitken. Durante a adolescência e o período universitário, Grierson sofreu forte influência de uma síntese idealista neo-hegeliana e neo-kantiana que preponderava no ambiente acadêmico escocês do início do século.

Sua concepção da sociedade era de uma totalidade orgânica marcada pela interdependência entre os indivíduos e as relações sociais.

---

[14] John Grierson, "Propaganda and Education". Em HARDY, 1946: 222.

As sociedades por ele consideradas superiores eram aquelas que logravam um alto grau de integração em suas relações internas. Esta visão idealista negava a existência de classes e atribuía uma importância decisiva ao Estado, no processo de integração social. A concepção corporativa que Grierson tinha do Estado o levava a restringir a atuação dos funcionários públicos estritamente aos valores consensuais, evitando o partidarismo e as ações capazes de ameaçar qualquer transformação mais radical das instituições.

Desde cedo Grierson foi marcado pelo idealismo liberal de seu pai e pelo socialismo reformista moderado de sua mãe. Seus textos na universidade revelam uma visão democrática elitista, que desacreditava nas possibilidades de um governo popular, chegando a afirmar que o igualitarismo era "uma doutrina anárquica e perigosa".[15] Durante sua vida adulta, a Inglaterra transitou do liberalismo conservador para a social-democracia, com crescente presença de movimentos, dos mais diversos matizes, que propunham reformas nas relações sociais capitalistas. Grierson, que nunca se filiou a um partido político, desde jovem se posicionou como um social-democrata consensualista, defendendo reformas sociais moderadas e graduais.

É dentro deste quadro ideológico que devemos interpretar o "modelo utópico das relações entre o documentário e o Estado"[16] que Grierson sistematicamente tentou implementar. Em uma conjuntura conservadora, desfavorável ao exercício direto da propaganda pelo Estado, ele perseverou na tentativa de criar uma plataforma estatal sólida e permanente para a produção de filmes de educação cívica. Desde que asseguradas bases consensuais e não-partidárias, Grierson considerava que o trabalho de propaganda e educação pública desenvolvido pelo Estado era a "raiz-mestra da idéia democrática".[17]

---

[15] Manuscrito depositado nos Arquivos John Grierson, Universidade de Stirling. Citado por AITKEN, 1990: 57.

[16] AITKEN, 1990: 193.

[17] "Propaganda and Education". Em HARDY, 1946: 217.

Grierson acreditava que, na sociedade moderna, o coração e a mente do cidadão comum não estavam mais disponíveis para a educação tradicional e estavam sendo conquistados pelos meios de comunicação de massa – jornal, rádio, cinema e propaganda. Como vimos, durante sua permanência nos Estados Unidos, Grierson ficou fascinado com os padrões dramáticos utilizados pela imprensa popular, que se tornou objeto de sua pesquisa em ciências sociais. Na falta de dados primários satisfatórios, optou por pesquisar a repercussão sobre as platéias dos formatos narrativos que vinham sendo experimentados pelos estúdios hollywoodianos. De volta à Inglaterra, resolveu aplicar aqueles "métodos dramáticos e inspiradores" no campo da educação pública, produzindo filmes que fossem capazes de "estabelecer uma ponte entre o cidadão e sua comunidade".[18]

> Eu encaro o cinema como um púlpito e o uso como um propagandista; e digo isto sem a menor vergonha porque, nas filosofias ainda imberbes do cinema, amplas distinções fazem-se necessárias. Arte é uma coisa; e quem está interessado nisto, eu sugiro, deve procurá-la onde haja espaço para sua criação; diversão é uma outra coisa; educação, no que concerne ao professor, outra; propaganda, outra; e o cinema deve ser concebido como um meio, como a escrita, capaz de muitas formas e muitas funções. Um propagandista profissional bem pode interessar-se especialmente por ele.[19]

Apesar destas "amplas distinções", Grierson sabia que arte, diversão, educação e propaganda não eram domínios estanques. Por diversas vezes – talvez para conquistar a confiança dos setores conservadores e legitimar os recursos públicos que eram garimpados com tanta dificuldade – Grierson colocou muita ênfase nas finalidades sociais e

---

[18] Idem, 221.
[19] John Grierson, *Sight and Sound* (Winter 1933-1934). Idem: 12-13.

educativas de seu projeto, chegando a excessos retóricos que minimizavam a dimensão artística do movimento.

> O documentário, desde o início – quando nós primeiro separamos nossas teorias de finalidade pública daquelas de Flaherty – era um movimento "antiestético". Todos nós, eu creio, sacrificamos algumas de nossas capacidades "artísticas" pessoais e o prazer vaidoso que as acompanha.[20]

Mas seria um erro interpretar estes sinais como uma subordinação absoluta dos meios cinematográficos aos fins propagandísticos. Não só os companheiros de trabalho de Grierson em várias oportunidades testemunharam sua apurada formação estética e sua rigorosa obsessão formal, como a própria obra fílmica do período EMB/GPO contém suficientes provas de esmero artístico. Para compreender melhor a relação entre meios e fins no projeto de Grierson, devemos examinar os princípios estéticos em que ele baseou o movimento do documentário.

[20] "The Documentary Idea: 1942". Idem: 179.

4 A Estética do Documentário Clássico

As idéias de Grierson sobre arte e cinema estão presentes em fontes diversas, mas os textos mais importantes para a compreensão de sua concepção do documentário são os relatórios apresentados a Stephen Tallents em 1927 e, principalmente, a série de três artigos publicados a partir de 1932 na revista *Cinema Quarterly*. No primeiro destes artigos, reunidos sob o título "Princípios Fundamentais do Documentário", Grierson separa os filmes que utilizam "materiais naturais" em duas categorias distintas. Na "categoria inferior" incluiu aqueles que meramente descrevem a realidade, como os *newsreelers*, os *interest films*,[1] os filmes educativos ou científicos e os travelogues. Na "superior", os filmes que deveriam ser denominados documentários: "neste ponto, passamos das descrições simples (ou fantasiosas) do material natural, para o seu arranjo, rearranjo e formalização criativa".[2]

A dramatização é apresentada por Grierson como um método capaz de promover esta formalização criativa, reveladora da realidade. Mas para isto, ao contrário do que faziam os estúdios, era essencial filmar a cena viva e a história viva; e utilizar o ator nativo. Flaherty havia

---

[1] A expressão vem de *general interest films*. Os ingleses assim denominavam os complementos de curta-metragem, chamados de *shorts* pelos norte-americanos e franceses. Os *interest films* "abrangem da comédia ao drama, do filme de educação ao documentário propriamente dito, da reprodução de um número de 'music-hall' ao desenho animado mais complicado". CAVALCANTI, 1957: 59.

[2] "First Principles of Documentary". Em HARDY, 1946: 79.

dado o exemplo. Contratado para realizar *Moana* – "um novo *Nanook*", nos mares do sul – recusou-se a impor aos habitantes de Samoa um drama artificial concebido pelos roteiristas de Hollywood e a contratar atores profissionais. "Com Flaherty torna-se um princípio absoluto que a história tem que ser extraída do local e deve ser aquela que ele considera a história essencial do lugar".[3]

A importância que Grierson atribuía aos materiais naturais estava ligada a uma convicção, formada ainda no seu período americano, de que o cinema possuía uma capacidade intrínseca de representação naturalista, quase sempre diluída e distorcida pelo cinema industrial de ficção. Esta propriedade se aplicava tanto às locações quanto aos seres humanos – a capacidade dos habitantes dos ambientes filmados de transmitirem sua complexidade existencial dificilmente poderia ser imitada por atores profissionais. Para melhor capitalizar este potencial naturalista, era preciso abandonar as histórias carregadas de psicologismo e privilegiar o meio social como fonte de inspiração:

> Eu estou apenas sugerindo uma mudança de foco, ao invés de enfatizar seqüências de histórias e imaginar ambientes para elas, enfatizar a força que o cinema pode extrair do ambiente e imaginar uma história capaz de lhe conferir significado humano. Eu acho que o carro está sendo colocado adiante dos bois no cinema, e que a verdadeira fonte do drama cinematográfico (o mundo do movimento e do comportamento espontâneo) não está sendo utilizado tanto quanto deveria.[4]

Em seu texto dedicado aos princípios do documentário, Grierson retomou esta concepção da superioridade das histórias baseadas nas vidas dos próprios personagens.

---

[3] Idem, 81.

[4] "Better Popular Pictures". Em *Transactions of the Society of Motion Pictures Engineers*, v. XI, nº 29, agosto de 1927, p. 248. Citado por AITKEN, 1990: 85.

Princípios básicos. (1) Nós acreditamos que a capacidade do cinema de circular, de observar e selecionar a partir da própria vida pode ser explorada em uma nova e vital forma de arte. Os filmes de estúdio ignoram amplamente esta possibilidade de dar acesso às telas ao mundo real. Eles filmam histórias atuadas contra fundos artificiais. O documentário deve fotografar a cena viva e a história viva. (2) Nós acreditamos que o ator original (ou nativo), e a cena original (ou natural) são os melhores guias para uma interpretação cinematográfica do mundo moderno. Eles proporcionam ao cinema um imenso manancial. Eles lhe proporcionam controle sobre mil e uma imagens. Eles lhe proporcionam uma capacidade de interpretação sobre eventos no mundo real mais complexos e surpreendentes do que a imaginação do estúdio pode evocar ou o perito do estúdio recriar. (3) Nós acreditamos que os materiais e as histórias assim cruamente extraídas podem ser melhores (mais reais no sentido filosófico) do que o material atuado.[5]

Ao se referir a um "sentido filosófico" de real, Grierson nos remete à sua concepção idealista do mundo e do processo de conhecimento através da arte. Seus textos anteriores, inclusive aqueles do período universitário, examinados por Ian Aitken, demonstram que Grierson estabelece uma separação entre o real – geral e abstrato – e o fenomenal – empírico e particular. O "real" para ele não é o conjunto dos aspectos superficiais do mundo empírico, mas uma realidade subjacente e determinante. Este real, fundamental, não é imediatamente perceptível, mas pode resultar de um processo interpretativo que a filosofia, a religião e a arte são especialmente capazes de proporcionar.

Dentro desta visão filosófica neo-kantiana, os materiais naturais formavam uma base prioritária para o artista, por conterem uma maior

---

[5] "First Principles of Documentary", op. cit.: 79-80.

quantidade de dados sobre o mundo empírico. Um cinema que tivesse por matéria prima as imagens naturais registradas pela lente da câmera disporia de condições privilegiadas para, através da montagem, desenvolver processos de generalização e simbolização capazes de interpretar as forças determinantes da realidade.

E, para que a espontaneidade do comportamento natural fosse inteiramente preservada, a filmagem deveria ser precedida de um período de convivência do cineasta com o ambiente e as pessoas do lugar. Este método de observação participante era considerado por Grierson uma premissa básica. Mais uma vez, é o trabalho de Flaherty que serve de referência:

> Flaherty ilustra melhor do que ninguém os princípios fundamentais do documentário. (1) É preciso dominar o material na locação e ganhar intimidade com ele para ordená-lo. Flaherty imerge por um ano, até dois. Ele vive com a população local até que a história conte-se "por si mesma". (2) Devemos concordar com sua distinção entre descrição e drama. Encontraremos outras formas de drama ou, mais precisamente, outros tipos de filme do que aquele que ele escolheu; mas é importante fazer a distinção primária entre um método que apenas descreve valores superficiais de um assunto e o método que mais explosivamente revela sua realidade. Você fotografa a vida natural, mas também, pela justaposição do detalhe, a interpreta.[6]

Neste segundo ponto, Grierson reafirma a distinção entre a mera descrição dos aspectos fenomenais e a interpretação do real através dos métodos dramáticos e da montagem – a "justaposição do detalhe". Por outro lado, ao referir-se a "outras formas de drama", "outros tipos de filme", Grierson demarca a bifurcação que o separa de Flaherty. São duas as divergências que se encontram aqui imbricadas.

---

[6] Idem: 81.

A primeira delas reside naquilo que Grierson chama de "neorousseaunismo" de Flaherty, ou seja, na crença de que o indivíduo que vive em contato com a natureza é mais puro e mais feliz que o homem civilizado. A tendência romântica a procurar reconstituir costumes superados, em regiões remotas, era considerada por Grierson um escapismo, que afastava Flaherty dos problemas urgentes colocados pela sociedade moderna. Neste ponto fica patente a distância entre aquele crítico de *Moana* – que seis anos antes se encantava com os horizontes distantes dos mares do sul – e o ideólogo do documentário comprometido com seu tempo e seu meio urbano-industrial. Grierson agora reconhecia que Flaherty havia elevado a tradição romântica do filme de viagem em um grau, ao introduzir a dramaticidade. Mas era preciso elevá-la em mais um grau para dotá-la de uma finalidade social. Se Flaherty estava interessado em personagens lutando pela sobrevivência em um ambiente selvagem, os documentaristas ingleses prefeririam abordar "a luta pela sobrevivência em meio à abundância".[7]

A segunda divergência de Grierson consistia no herói individual construído por Flaherty em seus dois primeiros filmes. Para Grierson, o cinema devia representar a interdependência entre os aspectos individuais e sociais. Conflitos de ordem pessoal, psicologismo e introspecção eram elementos incompatíveis com os objetivos de um cinema comprometido com a educação cívica e com a integração social. O indivíduo, como pivô dramático, estava irremediavelmente superado em um mundo complexo, comandado por forças impessoais. Mais do que isso: o individualismo era uma das causas da anarquia social. Logo, era preciso abandonar o herói individual – tanto o "romântico", de Flaherty, quanto o "artificial", dos estúdios. Grierson vai mais longe nesta superação do indivíduo como "figura dramática auto-suficiente",[8] especulando a possibilidade de "abandonar a forma da história e procurar,

---

[7] Idem: 82.
[8] Ibidem.

como os modernos expoentes da poesia, da pintura e da prosa, um assunto e um método mais satisfatórios para a mente e o espírito da época".[9]

Como podemos ver, Flaherty era a maior referência quanto aos métodos de pesquisa prévia sobre os temas a serem filmados e quanto ao uso de materiais naturais. Mas seus filmes estavam longe de proporcionar um modelo acabado para o documentário. O que Grierson buscava era um método capaz de superar tanto o modelo teatral e romanesco adotado pelos estúdios quanto a poetização do exotismo ao gosto de Flaherty.

Uma fonte de inspiração neste sentido era o cinema soviético. Os filmes russos chamaram a atenção de Grierson por três aspectos principais. O primeiro deles era a montagem. Os russos – sobretudo Vertov, Kuleshov, Pudovkin e Eisenstein – viam na montagem o próprio fundamento da arte cinematográfica. A teoria da montagem dialética de Eisenstein interpretava o corte como um choque entre dois fatores, originando um conceito. Esta teoria fornecia a Grierson uma chave para desenvolver sua concepção de cinema baseada em processos de generalização e simbolização; um cinema que fosse capaz de produzir efeitos dramáticos sem necessariamente recorrer à "forma da história". Grierson já conhecia algumas produções soviéticas quando foi convidado a colaborar com a preparação dos letreiros para o lançamento de *Bronenosetz Potemkine* (*O Encouraçado Potemkin*, Sergei Eisenstein) nos Estados Unidos, o que lhe proporcionou um minucioso contato com o filme. Em 1929, *Potemkin* seria escolhido por Grierson para compor o programa de lançamento de seu filme *Drifters*.

O segundo aspecto que interessava a Grierson nos filmes russos era a estreita relação entre escolha do tema e finalidade social. A revolução soviética de 1917 difundiu uma ideologia coletivista que se opunha frontalmente ao individualismo. Os diretores russos haviam superado o

---

[9] Ibidem.

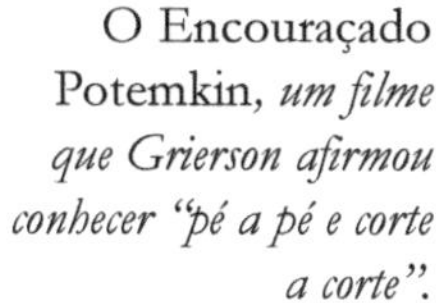

O Encouraçado
Potemkin, *um filme
que Grierson afirmou
conhecer "pé a pé e corte
a corte".*

psicologismo do drama burguês, seja através do uso de personagens individuais para expressar o espírito da massa, como em *Mãe* (Pudovkin, 1926), seja ao modo de Eisenstein (*A Greve*, 1924; *O Encouraçado Potemkin*, 1926; e *Outubro*, 1928), que convertia a massa em protagonista.

Outro aspecto importante era o uso do cinema como veículo de propaganda. Nenhuma cinematografia havia produzido um cinema de propaganda social mais prolífico e efetivo que a soviética. E, além disso, nos filmes russos os objetivos propagandísticos não eram submetidos a um tratamento pedagógico, mas estavam associados a uma arrojada pesquisa formal.

Apesar de todas estas virtudes, o cinema soviético não constituía um modelo facilmente aplicável ao documentário inglês. Grierson recusava seus métodos de dramatização intensa, os conteúdos políticos explícitos e a tendência a um romantismo revolucionário. Por não sofrer nenhuma destas limitações, o filme russo que exerceu influência mais direta na escola do documentário inglês foi *Turksib* (Victor Turin, 1928), conforme reconheceu Paul Rotha:

Turksib de Turin define sozinho a linha da abordagem soviética do documentário puro, pois descartou completamente a forma da história e dramatizou em grande estilo a necessidade econômica e a construção da estrada de ferro Turquestão-Sibéria, (...) *Turksib*

Turksib *deu a Grierson o exemplo de um filme de propaganda que evitava mensagens políticas explícitas.*

marcou o início de um novo método documentário e provavelmente exerceu a maior influência nos últimos progressos do que qualquer outro filme.[10]

Turksib também apresentava a luta do homem contra a natureza em uma região remota, mas neste caso tratava-se de um empreendimento coletivo que operava com os meios técnicos da sociedade industrial e tinha por objetivo o desenvolvimento econômico. Sem mensagens políticas abertas, o filme de Turin demonstrava que o herói individual e a forma da história não eram imprescindíveis para enaltecer dramaticamente as conquistas do mundo moderno. As legendas da versão em inglês de *Turksib* foram preparadas por Grierson e Turin esteve presente na primeira exibição do filme no GPO.

Outro possível modelo para o documentário inglês estava na corrente que Rotha denominou "realismo continental", representada por filmes como *Berlin, Sinfonie der Grosstadt* (*Berlim, Sinfonia de uma Metrópole*, Walter Ruttmann, 1927).[11] Eram produções realizadas à margem da grande indústria francesa e alemã, inspiradas pela *avant-garde*, que minimizavam o enredo e privilegiavam as potencialidades plásticas da imagem e da montagem. Seus autores abandonaram os estúdios e, nas ruas das grandes metrópoles, filmavam personagens e paisagens urbanas. Estes filmes representavam um rompimento com a procura de inspiração em terras distantes e figuras exóticas, características dos travelogues e dos filmes de Flaherty, indo ao encontro de uma das preocupações centrais de Grierson:

---

[10] ROTHA, 1936: 101.

[11] *Berlim* havia desencadeado uma onda mundial de filmes sobre um dia na vida de uma cidade. São Paulo foi objeto de um deles: *São Paulo, Sinfonia da Metrópole* (Rodolfo Lex Lustig e Adalberto Kemeny, 1929). Grierson chegou a afirmar que "a cada 50 projetos apresentados pelos principiantes, 45 são sinfonias de Edinburgh ou de Ecclefechan ou de Paris ou de Praga". "First Principles of Documentary", op. cit.: 83.

Desejávamos construir o drama a partir do cotidiano, nos colocando contra a predominância do drama extraordinário: um desejo de trazer o olhar do cidadão, dos confins da terra para a sua própria história, para aquilo que está acontecendo debaixo do seu nariz. Daí nossa insistência com o drama que ocorre na soleira da porta.[12]

Berlim, Sinfonia de uma Metrópole *prescinde de uma história e se baseia no ritmo da montagem para abordar um dia na vida de uma cidade moderna.*

Outra afinidade decorria do caráter "sinfônico" destes filmes – sua estrutura análoga a um fluxo orquestrado de imagens. Seus efeitos dramáticos não decorriam de enredos, mas da curva rítmica de movimentos do amanhecer, dos homens nas ruas, das fábricas e das casas noturnas. Nesta exploração do ritmo dos eventos Grierson via uma valorização de características intrínsecas ao meio fílmico e uma possibilidade do cinema libertar-se do compromisso com a história e com a representação teatral.

Por outro lado, para Grierson estes filmes traziam, do berço vanguardista, a marca do esteticismo, da "arte pela arte". Os pequenos episódios cotidianos, ainda que habilmente articulados pela montagem,

[12] The Fortnightly Review, ago. 1939. Citado por HARDY, 1946: 15.

eram carentes de uma qualidade que Grierson reputava fundamental: a finalidade. E a arte não é um fim, mas "o subproduto de um trabalho bem realizado". Sem uma finalidade social, a observação se perde no puro movimento. E a beleza, quando alcançada, reflete "um lazer egoísta e uma estética decadente".[13]

A crítica ao romantismo de Flaherty, à dramatização intensa dos soviéticos e ao esteticismo das vanguardas; paralelamente à valorização dos "materiais naturais", da montagem rítmica e dos temas ligados à sociedade moderna; foram as balizas que orientaram Grierson no esboço de um método narrativo para o documentário inglês. Mas este método nunca chegou a ser satisfatoriamente formulado. A rejeição de certos formatos e a apropriação parcial de outros não resultou na proposição de uma plataforma estética acabada ou de um modelo cinematográfico alternativo. O que temos são os rudimentos teóricos deste modelo.

Ao voltar-se para as virtudes da "forma sinfônica", Grierson se aproximou da linguagem poética, que prescinde de uma história e desenvolve o tema através de imagens. No último de seus artigos sobre os princípios do documentário, Grierson esboça três métodos de tratamento cinematográfico do tempo, do ritmo, das massas e do movimento. O primeiro consiste na forma sinfônica pura, apenas acrescida de finalidade. A interpretação decorre do comentário visual, privilegiando o ritmo dos próprios eventos para deles extrair emoção e significado social. O exemplo é *Cargo from Jamaica* (Basil Wright, 1933). O segundo implica modular os ritmos através de elementos familiares ao drama: suspense e clímax. Neste caso, a interpretação decorre da tensão entre forças conflitantes. O exemplo é *Granton Trawler* (Edgar Anstey, 1934). O terceiro método integra imagens poéticas ao movimento, visando criar atmosferas e estados de ânimo. A interpretação

<hr>

[13] John Grierson, "First Principles of Documentary", op. cit: 84.

se dá através da referência simbólica a uma associação natural de idéias, como na linguagem literária da poesia. O exemplo é *Drifters*.

Tanto Grierson quanto Rotha enfatizam que estes três métodos podem estar presentes no mesmo filme, seu peso dependendo das preferências do diretor. Ambos submetem estes métodos de manipulação do movimento ao que denominam "tratamento dialético", uma expressão muitas vezes citada, mas pouco desenvolvida em seus escritos. É significativo o fato de que o último destes três artigos que Grierson escreveu sobre os princípios do documentário termine com as seguintes palavras: "A aplicação dramática da forma sinfônica não é, *ipso facto*, a mais profunda ou mais relevante. As considerações sobre as formas não dramáticas ou sinfônicas, *mas dialéticas*, revelarão isto mais claramente".[14]

Paul Rotha, também nas últimas páginas de seu livro *Documentary Film*, de 1936, voltaria a se referir vagamente a este "método dialético de raciocínio filosófico", que em resumo consiste em um sistema esquemático de tese-antítese-síntese.

> A abordagem dialética governa a análise da ação no documentário. Em todo trabalho assumido, seja sobre a pesca ou sobre a metalurgia, há forças conflitivas, a segunda surgindo da primeira e do seu choque resulta uma síntese. Ao interpretar o material, o documentarista pode, de acordo com a sua personalidade, introduzir os elementos de imagem poética, de tensão dramática e de movimento sinfônico. E de uma única seqüência o método pode ser extensivo ao todo.[15]

Os artigos em que Grierson estabelece os princípios do documentário contêm contradições desconcertantes. Começam valorizando a "história viva" e um método de pesquisa que permite que

---

[14] "First Principles of Documentary", op. cit.: 89 (Grifo nosso).
[15] ROTHA, 1936: 235.

"a história conte-se por si mesma". E evoluem para uma "forma sinfônica" e um "tratamento dialético", em que os efeitos dramáticos poderiam ser obtidos evitando a forma da história...

Em *Documentary Film,* Paul Rotha reconstitui diversos argumentos desenvolvidos por Grierson no início da década. Em poucos pontos eles não coincidem; e um deles é a função reservada ao personagem. Segundo Rotha, ao recusar a forma da história e o personagem individual, o documentário vinha negando o ser humano como "o principal ator da civilização",[16] transformando-se em uma afirmação impessoal de fatos e desprezando o imenso potencial comunicativo do ser humano na tela. O documentário precisava satisfazer o desejo das platéias de ver seres humanos e se identificar com suas emoções. O problema central, para Rotha, estaria na correta compreensão do lugar que ocupa o indivíduo na sociedade e na sua adequada tradução cinematográfica. A solução haveria de incluir o personagem:

> Evidentemente, só podemos chegar a uma expressão real e completa da cena e da experiência modernas se as pessoas forem relacionadas adequadamente com o seu ambiente. Para isto, é preciso criar e desenvolver o personagem. É preciso que as idéias não evoluam somente no tema, mas também na mente dos personagens, com os quais o público deve se identificar. Pois só assim o documentário atingirá seus objetivos sociológicos e propagandísticos.[17]

Neste ponto, a argumentação de Rotha ecoava novas tendências que vinham se formando no movimento do documentário, como reação à abordagem formalista predominante.[18] E também estava sintonizada

---

[16] Idem:125.

[17] Idem: 128.

[18] O seguinte depoimento de Edgar Anstey é ilustrativo do estilo de liderança de Grierson, das divergências sobre a questão do personagem e de outras discordâncias estéticas no seio do grupo: "Quando assistíamos materiais filmados - sempre uma situação amedrontadora, pois

com os debates em curso na União Soviética, nos quais o personagem coletivo vinha sendo alvo de crescentes ataques, que desembocaram na Conferência dos Trabalhadores do Cinema Soviético de 1935. O cineastas russos tendiam a abandonar o método da tipagem,[19] em favor do uso de atores profissionais e da construção de personagens heróicos com os quais as platéias pudessem se identificar. A autocrítica de Eisenstein sobre o abandono do argumento teatral revela um certo parentesco entre os dilemas dramatúrgicos enfrentados, na mesma época, pelo cinema soviético e pelo documentário inglês:

> Levamos a ação coletiva e de massa para a tela, em contraste com o individualismo e o drama do "triângulo" do cinema burguês. Eliminando a concepção individualista do herói burguês, nossos filmes daquele período fizeram um desvio abrupto – insistindo na concepção da massa como herói. Nenhum cinema refletira antes uma imagem da ação coletiva. Agora a concepção de coletividade deveria ser retratada. Mas nosso entusiasmo produziu uma representação unilateral das massas e do coletivo; unilateral porque coletivismo significa o desenvolvimento máximo do indivíduo dentro do coletivo, uma concepção irreconciliavelmente oposta ao individualismo burguês. Nossos primeiros filmes de massa omitiram este significado mais profundo.[20]

Grierson costumava falar com firmeza e com um saudável descaso por nossas sensibilidades artísticas – as cenas eram individual e impiedosamente avaliadas, com pouca consideração à linha do filme, muito menos ao roteiro, se é que havia. Embora nossos filmes fossem artisticamente satisfatórios enquanto composição (mais aparentados com a música do que com a literatura) eles tinham pouco a dizer sobre as pessoas que neles apareciam. A caracterização era formal e heróica, no antigo estilo soviético. O trabalhador poderia ser magnificado contra o céu por um ângulo baixo, simbolizando a virtude proletária. Algumas vezes podia haver um certo humor, mas a caracterização nunca era mais do que epidérmica". ANSTEY, 1966: 2.

[19] "Termo usado pelo cineasta soviético Sergei Eisenstein em seu ensaio "Do Teatro ao Cinema" (1949) para descrever um método de trabalho com atores, herdado da tradição teatral da *commedia dell'arte*, onde os atores representavam tipos ao invés de atuar como personagens individuais". BLANDFORD, 2001, p. 247.

[20] Soviétskoie Kinó, dez. 1934. Agora em EISENSTEIN, 1990: 23.

No fundo, o problema com que Rotha se debatia era o da demarcação ambígua de uma posição diferenciada do documentário frente ao regime narrativo da ficção. Rotha assumia que um realismo social que efetivamente se dispusesse a relacionar a massa com o indivíduo não poderia prescindir de alguma forma de representação com atores. Por outro lado, deveria evitar a teatralização artificial que caracterizava os filmes de enredo. Por isto, considerava que a tipagem ainda era o melhor método de colocar homens e mulheres na tela: "se temos seres humanos, deixemos que sejam típicos e deixemos que sejam reais".[21] Rotha não descartava a utilização de atores profissionais, mas acompanhava Flaherty e Grierson na opinião de que os atores nativos proporcionavam ao documentário uma espontaneidade difícil de ser substituída.

O problema do documentário inglês estaria então na escolha destes atores nativos e, mais importante, em extrair deles a atuação necessária e articular corretamente a sua representação com o ambiente. Uma condição essencial para o cineasta era conhecer intimamente seu ator nativo, saber o que ele pensa e sente, de modo a compensar a falta de treinamento técnico pela autenticidade do próprio papel que representa na comunidade. Os documentaristas ingleses, ao contrário, pareciam combater o seu "material humano natural" ao invés de interagir produtivamente com ele:

Provavelmente é por esta razão que a maioria dos nossos documentaristas têm evitado o ser humano, contentando-se com as avaliações superficiais dos indivíduos e concentrando seus esforços nas estruturas inanimadas e nos aspectos impessoais das realizações humanas. Eles têm dificuldade em lidar com o desempenho de seus atores nativos.[22]

<hr>

[21] ROTHA, 1936: 181.
[22] Idem: 185.

O exame dos filmes do período EMB/GPO à luz dos textos de Grierson e Rotha demonstra a existência de pelo menos duas fases no movimento do documentário. Em um primeiro momento, Grierson impôs ao grupo de cineastas uma estética calcada em sua formação filosófica idealista, segundo a qual os efeitos dramáticos, baseados na generalização e no simbolismo, deviam ser extraídos da montagem de imagens cuidadosamente compostas. Em uma segunda fase, os desafios colocados pelos novos temas e pela limitada comunicação com o público demandavam soluções que já não podiam ser contempladas por aqueles métodos. É quando a forma da história e a valorização do personagem começam a se impor.

A expressão mais acabada do ideário estético de Grierson foi seu filme *Drifters*, realizado em 1928, antes mesmo da formação da Film Unit do EMB. Como bem demonstrou Ian Aitken, em *Drifters* a imagem naturalista estava subordinada à expressão simbólica, que procurava extrair significados gerais e metafísicos de manifestações fenomenais particulares. Os aspectos empíricos, como as operações a bordo e a comercialização do pescado, não são detalhados, mas apresentados de modo generalizante e impressionista. O trabalho humano é contrastado com as forças da natureza, representadas pelas altas ondas e pelas investidas de tubarões, baleias e aves marinhas. Fiel a seu ideário, Grierson se baseou no naturalismo intrínseco da imagem cinematográfica para expressar simbolicamente verdades gerais – o confronto dramático entre o homem e a natureza – que estavam além do nível fenomenal. Pouco tempo depois que *Drifters* foi realizado, Grierson sintetizou sua distinção entre a aparência fenomenal que a lente da câmera registra e a compreensão da realidade que a interpretação criativa pode proporcionar:

No documentário nós lidamos com o atual, e, neste sentido, com o real. Mas *a real realidade*, por assim dizer, é algo mais profundo. A única realidade que conta, enfim, é a interpretação que consegue ser profunda.[23]

A prioridade concedida aos materiais naturais e o foco nos temas da sociedade moderna definem a opção de Grierson por um certo realismo. Mas sua formação filosófica, seus compromissos institucionais e sua posição consensualista de defesa do *status quo* diluíam os efeitos que um cinema realista poderia ter sobre a consciência crítica do espectador. Seu realismo, de extração idealista, se baseava na generalização e evitava aprofundar as questões sociais e econômicas. O resultado foi o esteticismo de *Drifters* e dos demais clássicos da primeira fase do movimento do documentário – filmes marcados por referências simbólicas à interdependência entre indivíduos e funções do mundo moderno, que prestavam-se mais à integração social em linhas conservadoras do que à formação de uma cidadania crítica.

A partir de meados da década de 1930, diversos fatores contribuíram para uma mudança de rumos do movimento do documentário inglês. A chegada do som levou o grupo a ampliar suas fronteiras técnicas e assimilar novos colaboradores, alguns experientes e reconhecidos, como o brasileiro Alberto Cavalcanti. O aprofundamento da depressão favoreceu uma revisão do tratamento formalista que o movimento vinha imprimindo às imagens dos trabalhadores. E o próprio amadurecimento da equipe de documentaristas tornou inevitável a diversificação de tendências e a abertura de novos horizontes estéticos, representados principalmente pelas pesquisas no campo sonoro e pela introdução de métodos ficcionais.

A chegada de Cavalcanti funcionou como catalisador de um processo de desgaste da liderança centralizadora que Grierson exercia

---

[23] Ensaio sobre o documentário, sem título e sem data. Arquivo John Grierson, Universidade de Stirling. Citado por AITKEN, 1990: 109 (Grifo do autor).

A experiência técnica, a sensibilidade artística e o espírito de pesquisa de Alberto Cavalcanti contribuíram para ampliar os horizontes da escola inglesa do documentário.

sobre o grupo de documentaristas. Cavalcanti voltou à Inglaterra em 1934, com 37 anos e renome internacional, fruto de uma carreira iniciada entre os cineastas da vanguarda francesa e desenvolvida ao longo de vários anos de trabalho na indústria. Em 1931, quando Grierson convidou Flaherty para atuar como instrutor e conselheiro de um inexperiente grupo de cinema, sua liderança não sofreu grande ameaça. Agora a situação era outra. Harry Watt escreveu em sua biografia que "Grierson não pôde suportar bem o fato de que nós, os técnicos, cada vez mais freqüentemente apelávamos a Cavalcanti para discutir nossos problemas".[24] O próprio Cavalcanti fez amargos desabafos: "Ele (Grierson) vinha ao estúdio para atrapalhar meu trabalho. (...) Tinha por hábito transferir as pessoas sistematicamente, o que me incomodava muito".[25] Esta rivalidade é confirmada pela omissão do nome de Cavalcanti nos créditos originais de certos filmes da GPO em que sua contribuição técnica e artística foi fundamental.

O primeiro trabalho de Cavalcanti no GPO foi *Pett and Pott* (1934), uma leve comédia burlesca sobre a utilidade do telefone e a importância das comunicações. Um filme inteiramente encenado, muito diferente de tudo o que o movimento do documentário havia feito e que provocou

[24] Citado por SUSSEX, em PELLIZZARI, 1995: 319.
[25] Ibidem.

reações controversas. John Taylor, um dos primeiros colaboradores de Grierson, se referiu a *Pett and Pott* como "o começo da divisão".[26] Qualquer que seja o modo como se interprete esta declaração, o fato é que Cavalcanti questionou as bases estéticas em que Grierson havia assentado a escola inglesa e exerceu notável influência no seu redirecionamento.

Quando Grierson se afastou do GPO, em 1937, Cavalcanti pôde, com mais desenvoltura, aprofundar sua opção narrativa e desenvolver projetos que viriam a ter grande repercussão, como *North Sea* (Harry Watt, 1938). Este filme se passa em um barco de pesca que, em meio a uma forte tempestade, perde a comunicação por rádio (um serviço

North Sea *substitui o comentário em voz off por recursos da ficção: enredo e diálogos roteirizados.*

prestado pelo GPO), o que acarreta uma crise a bordo. Os atores não-profissionais foram recrutados entre trabalhadores e os diálogos de cena escritos por Watt e Cavalcanti. *North Sea* foi o maior sucesso entre todos os filmes do período EMB/GPO e estabeleceu um modelo que seria seguido por vários documentários na década seguinte.

---

[26] Citado por SUSSEX, em PELLIZZARI, 1995: 324.

No início de 1940, ainda sob a direção de Cavalcanti, o grupo de cinema foi rebatizado de Crown Film Unit e transferido para o recém criado Ministério da Informação, com a incumbência de realizar filmes de propaganda de guerra e de instrução para a defesa civil. No ano anterior, Grierson havia partido para o Canadá, com a missão de criar o National Film Board. Do outro lado do Atlântico suas propostas seriam recebidas com muito mais facilidade do que haviam sido na Inglaterra, onde precisou dedicar grande parte da sua energia às tentativas de conquistar a confiança da burocracia estatal e legitimar o trabalho de seu grupo.

A própria adoção do termo documentário estava intimamente vinculada àquela necessidade de legitimação. Como vimos, em uma crítica de 1926, Grierson havia empregado a palavra *documentary*. Dez anos depois ele faria uma sutil autocrítica: "Se eu me lembro bem, documentário foi usado pela primeira vez para descrever a arte de *Moana*, do Sr. Flaherty, *em um artigo apressado* para um jornal de Nova York".[27]

Ao estabelecer um grupo de produção de filmes educativos no EMB, Grierson recuperou a palavra, atribuindo-lhe um sentido inteiramente diferente, adaptado às necessidades retóricas do campo das relações públicas e ao novo contexto histórico. Nos anos 1930, o ramo não-ficcional do cinema já contava com adeptos mundialmente reconhecidos, como Eisenstein, Vertov, Turin, Walther Ruttmann, Joris Ivens e Jean Vigo. E a raiz etimológica da palavra, ligada à autenticidade do documento,[28] lhe conferia uma sobriedade muito conveniente para chancelar o trabalho propagandístico junto a uma agência governamental.

Por outro lado, o termo estava associado a um tratamento pedagógico literário e descritivo,[29] nada conveniente à afirmação de "uma nova e vital forma de arte". Estas contradições afloram já nas primeiras

---

[27] John Grierson, em ROTHA, 1936: 7. (Grifo nosso)

[28] Para um exame do percurso etimológico do termo *documentary*, ver ROSEN, 1993: 65-71; WINSTON, 1995: 11-14; e GILES, 1978.

[29] Estas conotações continuaram acompanhando o termo, como se pode depreender do verbete *documentary* na edição de 1989 do *Oxford English Dictionary*: "factual, realístico, aplicado

palavras do artigo em que Grierson fixou seus princípios gerais: "Documentário é uma denominação desajeitada, mas deixemos assim".[30] O embaraço se repetiria – e, sintomaticamente, mais uma vez nas palavras introdutórias – no prefácio que Grierson, pouco depois, escreveu para a primeira edição de *Documentary Film*, de Rotha: "Documentário, como muitos lamentam, é uma palavra pouco elegante, sugestiva de pedagogia e até, em alguns casos, de medicina".[31]

Alberto Cavalcanti em diversas oportunidades se manifestou contra o uso do termo:

> A palavra documentário tem um sabor de poeira e de tédio. O escocês John Grierson, interpelado por mim a respeito do batismo de nossa escola que, dizia eu, realmente poderia ser chamada "Neo-realista" – antecipado o cinema italiano de após-guerra – replicou que a sugestão de um "documento" era um argumento muito precioso junto a um governo conservador.[32]

Em decorrência deste batismo oportunista, todos os cineastas que viriam a optar por um cinema não-ficcional tiveram que lidar, de uma maneira ou de outra, com as conotações de evidência e prova que o termo documentário encerra. Até hoje, volta e meia um crítico incorre no nominalismo e, ao invés de remeter o significado da palavra documentário ao exame histórico da tradição que a criou, faz o caminho

---

especificamente ao filme ou obra literária baseada em eventos ou circunstâncias reais, e voltada primariamente para objetivos de educação ou registro".

[30] "First Principles of Documentary", op. cit.: 78.

[31] "Preface by John Grierson". ROTHA, 1936: 5.

[32] CAVALCANTI, 1957: 64. Em outro momento, Cavalcanti assim resumiu suas divergências com Grierson: "A única diferença fundamental é que eu persistia em achar idiota a denominação de documentário. Grierson só sabia responder a isso – lembro-me muito bem – rindo e dizendo: 'Você é realmente ingênuo. De minha parte, devo tratar com o governo, e a palavra documentário os impressiona. Têm a sensação de que é algo sério...'". SUSSEX, em PELLIZZARI, 1995: 324-325.

inverso, puramente etimológico, de subsumir a tradição do documentário ao termo que a designa.[33]

Apesar das conotações de evidência do nome documentário, Grierson nunca acreditou que a imagem cinematográfica poderia reproduzir por mimetismo a realidade. *Nanook of the North* lhe proporcionou um protótipo exatamente porque não se limitava a descrever aspectos do mundo empírico. O que a câmera de Flaherty registrava não era a "realidade total", mas apenas fragmentos de sua aparência visual. A realidade essencial e subjacente, não apreensível à primeira vista, dependia de um trabalho de interpretação: observação, planejamento, caracterização, filmagem e montagem. *Nanook of the North* possuía mais semelhanças do que dessemelhanças com o cinema de ficção. Lidando com diferentes tipos de material e através de diferentes métodos, ambos os modelos opunham-se à era pré-clássica e articulavam dispositivos narrativos que produziam sentido através de continuidade e seqüência. Neste sentido, o documentário não criou uma "sintaxe fílmica" alternativa ao cinema de ficção, mas teve neste a sua própria condição de possibilidade.

Flaherty e Grierson, cada um a seu modo, nunca tiveram a ilusão de uma abordagem inteiramente objetiva do real. O primeiro, como já vimos, construiu seus dramas sem preocupações extremas de fidelidade, assumindo que às vezes era preciso mentir para comunicar o verdadeiro sentido das coisas. O segundo afirmou: "não existe uma verdade até que você a formalize. Verdade é uma interpretação, uma percepção".[34] Rotha, por sua vez, considerava um equívoco esperar do documentário uma afirmação verdadeira sobre os eventos: "nenhum documentário pode ser completamente verdadeiro, pois não existe uma verdade, no

---

[33] Um exemplo: "É num momento púbere entre a inocência e a razão imparcial que nasce o termo documentário. Etimologia das mais equivocadas. Documentário. Documentar. Documento: prova. O que pode provar um filme?". MENDES, 1989: 71.
[34] John Grierson, "I Derive My Authority from Moses". Citado por: AITKEN, 1990: 7.

momento em que as transformações sociais estão sempre a contradizer-se".[35] A questão central, para os artífices da escola inglesa do documentário, estava na utilização do cinema como um instrumento para a transformação da sociedade pela via educativa. Uma das muitas expressões deste compromisso foi formulada metaforicamente por Grierson:

> a idéia de um espelho voltado para a natureza não é tão importante numa sociedade dinâmica e mutante quanto a de um martelo que a forja (...) É como um martelo e não como um espelho que eu tenho procurado usar o meio que caiu em minhas inquietas mãos.[36]

Dramatização, interpretação e intervenção social – estes são os atributos do documentário para seus fundadores. Em nenhum deles se nota o menor traço de documento ou prova. Ao contrário de um espelho que reflete a natureza e a sociedade, é como uma ferramenta para transformá-la que o documentário é assumido por aqueles que lançam as bases de sua tradição.

Se voltarmos à definição oficial de documentário feita em 1948, apresentada na introdução deste trabalho, entenderemos o quanto, na sua generalidade quanto à forma e aos meios de expressão, e na sua ênfase nas finalidades e nas motivações do cineasta, ela foi moldada para contemplar os fundamentos estabelecidos pelo griersonismo.

---

[35] ROTHA, 1936: 133.
[36] Citado por HARDY, 1946: 24.

5 Novas Técnicas, Novos Métodos

O advento do cinema falado inaugurou uma das eras mais lucrativas da história do cinema norte-americano. Em setembro de 1929, enquanto o mundo capitalista mergulhava na depressão econômica, todos os grandes estúdios hollywoodianos já tinham completado o processo de transição para o sonoro. Público e renda bateram o recorde em 1930. Com algumas décadas de atraso, o projeto audiovisual hiper-realista de Edison estava, afinal, em vias de se consumar.

Mas o som, embora considerado uma importante inovação técnica, não foi recebido com unanimidade. O motivo das resistências de alguns cineastas, críticos e teóricos era a ameaça contida na fala dos personagens. Ao longo dos anos o cinema tinha conquistado uma capacidade ilimitada de expressão de idéias e emoções, com base nos atributos plásticos da imagem e sua articulação através da montagem. Esta "linguagem visual" poderia ser então corrompida pelo acréscimo da linguagem propriamente dita, transformando a arte cinematográfica em uma espécie de "teatro filmado".

Entre as reações ao cinema falado destaca-se o manifesto assinado pelos soviéticos Eisenstein, Pudovkin e Alexandrov, em agosto de 1928, defendendo a "cultura da montagem". Temiam que um uso naturalista dos diálogos ampliasse o significado independente de cada plano, aumentando em conseqüência a sua inércia como peça de montagem visual e limitando o trabalho criativo da edição. Propunham que o som tivesse um uso apenas polifônico em relação às imagens. E prescreviam:

"o primeiro trabalho experimental com o som deve ter como direção a linha de sua distinta não-sincronização com as imagens visuais".[1]

No ano seguinte, Pudovkin voltaria ao tema, concluindo que a montagem de imagens e sons em contraponto era o único meio de "ultrapassar o naturalismo primitivo para descobrir e experimentar a rica profundidade de significações que está latente no cinema sonoro".[2] O assincronismo era proposto como um princípio artístico para o uso cinematográfico do som.

O temor de Eisenstein e seus companheiros se mostraria plenamente justificado. Nos primeiros anos do sonoro, escritores, diretores e atores de teatro europeus subitamente ganharam um lugar de destaque na indústria cinematográfica. A narrativa se acomodou aos diálogos e as filmagens abandonaram as locações em exteriores e foram confinadas aos estúdios, onde era possível controlar o processo técnico da gravação de som.[3]

O movimento do documentário inglês tomou impulso exatamente no momento em que a Europa fazia sua lenta conversão ao sonoro. E representou uma trincheira de resistência ao cinema comercial teatralizado, através de pesquisas do uso não-ilustrativo de músicas, ruídos e palavras. Alberto Cavalcanti foi um personagem fundamental no deslanche e desenvolvimento deste processo. Ao voltar para a Inglaterra, em 1934, tinha dois propósitos definidos: realizar pesquisas

---

[1] "Declaração Sobre o Futuro do Cinema Sonoro". *Sovietski Ekran*, Moscou; e *Zhizn Iskusstva*, Leningrado, ago.1928. Agora em EISENSTEIN, 1990: 271-219.

[2] "O Assincronismo como Princípio do Cinema Sonoro". Em PUDOVKIN, 1961: 223. Uma das reações mais radicais de teóricos do cinema ao uso naturalista de diálogos sincrônicos foi formulada em 1938, no artigo "Um Novo Laocoonte: a Arte do Cinema Sonoro", em ARNHEIM, 1989: 159-181.

[3] "Nos primeiros tempos do cinema sonoro, não era o som, para os produtores, senão diálogo. Partindo deste erro, era natural que a maioria dos realizadores cinematográficos fosse temporariamente afastada dos estúdios e substituída por diretores de teatro. (...) Vários atores de teatro, que nunca haviam ingressado nos estúdios, tiveram as portas abertas e trouxeram com eles uma artificialidade de há muito abolida". CAVALCANTI, 1957: 28.

experimentais na área do som cinematográfico e voltar a filmar em exteriores. Cavalcanti sabia que seria mais fácil contemplar estas intenções no campo do documentário do que no da ficção; e procurou Grierson exatamente no momento em que a equipe do EMB havia se transferido para a GPO e conquistava sua primeira unidade de gravação sonora.[4]

Em retrospecto, Cavalcanti afirmou que "enfim, quando os diretores puderam levar câmeras e aparelhos de gravação para fora e refazer externas, é quando, pode-se dizer, o filme sonoro ultrapassou o seu primeiro estágio".[5] Denominou este estágio de "som sincronizado" e o seguinte, de "som complementar":

> Primeiro, reduzimos ao mínimo a música e a palavra. (...) Depois, banimos o sincronismo absoluto e as leis da encenação teatral. E tomamos os sons naturais como matéria prima, os quais cortamos, regravamos, orquestramos, e tentamos estilizar o conjunto.[6]

No seu primeiro filme para o GPO, *Pett and Pott*, as imagens foram editadas sobre uma trilha sonora gravada antes das filmagens. A pesquisa no campo do som prosseguiu em *Coal Face*, filme mais característico do grupo liderado por Grierson, que o produziu. Este curta-metragem, sobre o trabalho de extração de carvão em minas subterrâneas, contou com a colaboração do poeta W. H. Auden e do músico Benjamin Britten. Mais uma vez a edição das imagens foi feita sobre uma trilha sonora previamente gravada, que mixava música instrumental, cantos, coros,

---

[4] Cavalcanti vinha da França, onde trabalhara cerca de dois anos nos estúdios de Joinville, a 10 km de Paris, dirigindo versões internacionais de filmes americanos. Antes da adoção da dublagem – e, mais tarde, da subtitulagem – os filmes eram refilmados em diferentes línguas, com outros atores e diretores, aproveitando roteiro, cenários e figurinos originais. Os estúdios de Joinville chegaram a trabalhar 24 horas por dia, refilmando até 12 versões de um mesmo título. GOMERY, 1980, em WEIS, 1985: 27.

[5] Entrevista de Cavalcanti à BBC de Londres. Em PELLIZZARI, 1995: 187.

[6] Idem: 189.

Coal Face *se*
destacou pelo
tratamento sonoro
inovador.

ruídos e narração poética. Auden e Britten também participaram de *Night Mail*, sobre o trem que leva carga postal de Londres a Glasgow. Este filme, que exibe uma sofisticada edição de som desenhada e supervisionada por Cavalcanti, converteu-se em um dos maiores êxitos artísticos do movimento do documentário.

A importância da passagem de Cavalcanti pela escola inglesa, especialmente por sua concepção do uso do som, é unanimemente reconhecida. Harry Watt afirmou: "o sucesso que fiz com os meus filmes, devo-o à formação dispensada por Cavalcanti e penso que um bom número de pessoas poderia dizê-lo também".[7] Basil Wright se declarou eternamente grato a Cavalcanti "por tudo o que fez nos filmes nos quais trabalhei, como *Song of Ceylon* e *Night Mail*. Suas idéias sobre o som eram tão libertadoras que desencadeavam em você milhares de outras idéias".[8]

Apesar da unidade de cinema do GPO ter trabalhado o som de forma inventiva, no que concerne à utilização de ruídos e música, seus

---

[7] Citado por SUSSEX, em PELLIZZARI, 1995: 319.
[8] Idem, 322.

filmes foram criticados pela "relutância em dar voz a todos aqueles que poderiam ter alguma coisa válida a dizer sobre o assunto central abordado".[9] É preciso considerar que, nas primeiras décadas do sonoro, a indústria cinematográfica se baseava em uma "artilharia pesada", desenvolvida em função do trabalho em estúdio e operada por um verdadeiro exército de técnicos especializados. Os volumosos gravadores de som ótico eram transportados em caminhões. As câmeras 35 mm eram ruidosas e moviam-se com dificuldade sobre tripés, carrinhos ou gruas. As películas tinham baixa sensibilidade, tornando obrigatório o uso de possantes refletores.

Os documentaristas, que garimpavam seus tema em ambientes naturais, tentavam utilizar câmeras menores e mais leves, mas estas eram inadequadas à captação simultânea do som – produziam excessivo ruído e seus motores, não mantinham sincronismo perfeito com os aparelhos de gravação sonora da época. Para captar a voz dos personagens, era preciso transpor limitações técnicas. E ainda havia outros obstáculos, de natureza conceitual, que mantinham os documentaristas presos ao princípio do assincronismo. É o que se pode depreender do depoimento de Edgar Anstey, destacado membro do grupo de Grierson:

> Nós voltávamos nossos ouvidos para toda máquina, todo processo audível, esperando isolar sons que comunicassem a essência de nosso tema. Não estávamos interessados em gravar diálogo ou comentário, ambos considerados não-fílmicos.[10]

Paradoxalmente, Anstey seria uma vítima precoce deste preconceito contra os diálogos ao realizar, em 1935, *Housing Problems*, uma das primeiras experiências do documentário inglês no campo da

9 BARSAM, 1992: 92.
10 ANSTEY, 1966: 7.

filmagem com voz e imagem registrados em sincronismo. O filme, pioneiro na tomada de depoimentos dos moradores de cortiços em um subúrbio pobre de Londres, foi um dos poucos documentários da escola inglesa que teve grande repercussão pública por abordar questões sociais, resultando em extensas matérias e editoriais em jornais ingleses. Já entre os cineastas, gerou controvérsias. O próprio diretor, mais de trinta anos depois, embora reconhecendo a importância do filme, considerou que *Housing Problems* é, "em última análise, *newsreel* (...) sua pureza é a da autenticidade, não a da arte".[11] Anstey parecia concordar com algumas críticas:

> Paul Rotha criticou a ausência de forma no filme e o fracasso na utilização das técnicas disponíveis ao diretor para sublinhar sua visão da gravidade e do caráter vergonhoso daquilo que era mostrado.[12]

Partindo de um pioneiro da entrevista em som direto, os termos da autocrítica de Anstey são surpreendentes. Afinal, comparava seu filme a *newsreel*, formato que Grierson havia enquadrado em uma "categoria inferior". Em *Housing Problems*, pela primeira vez no cinema inglês, os trabalhadores se expressavam com voz própria. Mas isto não parecia tão relevante: a "autenticidade" dos depoimentos das vítimas sociais do capitalismo era considerada artisticamente insuficiente. Dentro dos princípios elitistas do griersonismo, a visão do diretor – sua "interpretação criativa" – era mais importante que as opiniões dos personagens.

De resto, Anstey certamente exagerava, na sua análise retrospectiva, ao dizer que os documentaristas consideravam os diálogos como "não-fílmicos". A experiência que Cavalcanti trouxe da França se refletiu em uma série de filmes que adotavam métodos ficcionais e

[11] Idem: 5.
[12] Idem: 3.

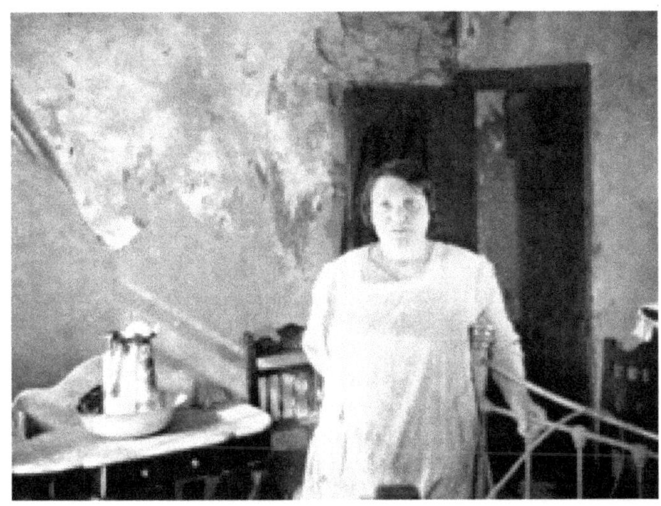

Ainda com equipamentos pesados, em 1936 Housing Problems *inaugurou a técnica da entrevista no documentário.*

continham seqüências dialogadas. *North Sea* é apenas o exemplo mais conhecido entre os filmes que recorreram a atores não-profissionais para obter maior espontaneidade nas interpretações, mas condicionavam as falas aos roteiros previamente elaborados. Se estes "docudramas" representaram uma importante alternativa para a falta de comunicação dos filmes anteriores, por outro lado a escola inglesa não foi capaz de explorar a espontaneidade das falas na via apontada por *Housing Problems.* Os problemas não eram apenas técnicos, mas também ideológicos – a relação entre diretores e personagens precisaria ser redimensionada e os documentaristas ingleses não pareciam dispostos a descer de seu pedestal.

A unidade de cinema do GPO costuma ser lembrada por seu ambiente de pesquisa técnica e artística, mas é preciso notar que só alguns clássicos se beneficiaram plenamente destas inovações. Muitos documentários realizados após o advento do sonoro veiculavam a "visão do diretor" através da outra forma que Anstey reconhecia como "não-fílmica": o comentário em voz *off.* Grande parte da produção oficial se assemelhava a uma palestra ilustrada. Eram peças rotineiras de propaganda que negavam as conquistas estéticas do griersonismo e vieram alimentar um preconceito contra o documentário, visto por muitos como sinônimo de um cinema educativo entediante.

A solução técnica para os problemas da tomada audiovisual direta só seria encaminhada por setores que tinham mais urgência em resolvê-los e menos preconceitos estéticos e ideológicos a transpor. Foi o caso do cinejornalismo e, a partir de meados dos anos 1950, do telejornalismo nascente. O *newsreel*, povoado por celebridades da política, dos esportes e dos espetáculos, esteve sempre em busca de melhores condições técnicas para dotar de voz as personalidades que focalizava. A reconstituição de acontecimentos verídicos em estúdio sonorizado, mesmo quando havia imagens diretas disponíveis, era em parte justificada pela dificuldade de obter em campo um registro sonoro sincrônico e de boa qualidade.[13] Estes problemas foram potencializados com o advento da televisão. Não se tratava mais de produzir uma ou duas edições de alguns minutos por semana, mas várias emissões jornalísticas por dia, envolvendo política, esportes, variedades, entrevistas e reportagens dos mais diversos gêneros. Era urgente encontrar uma solução.

Para a captação de imagens em exteriores, a única tecnologia de que a televisão dispunha, nos seus primeiros anos, era a "artilharia pesada" do cinema. O telejornalismo fomentou a pesquisa de outro tipo de equipamento: câmeras leves e silenciosas, capazes de serem liberadas de seus suportes tradicionais e operadas no ombro do cinegrafista, películas sensíveis a condições de luz mais baixas, gravadores magnéticos portáteis sincrônicos e acessórios que pudessem ser manipulados por equipes menos numerosas e mais

---

[13] Sobre o uso de encenações e reconstituições pelo cinejornalismo, especialmente na série norte-americana *The March of Time* (1935-1951), ver FIELDING, 1978: 75-81. Cf. ANSTEY, 1966: 4.

ágeis. Em 1960 todas estas condições se encontravam finalmente satisfeitas e reunidas no que Mario Ruspoli denominou "grupo sincrônico cinematográfico leve".[14]

Esta evolução tecnológica estava intimamente relacionada com o desenvolvimento de novos métodos de filmagem, que teriam reflexos de longo alcance no domínio do documentário. Reflexos, desde logo, junto à platéia, que começava a se habituar à imagem do telejornalismo e do cinejornalismo. Uma imagem tremida, mal iluminada, pouco definida, editada com cortes bruscos e um som impuro, tudo contendo uma marca de "autenticidade" que contradizia o formalismo e a estilização característicos do documentário clássico. Os equipamentos leves e sincrônicos possibilitaram uma agilidade inédita às filmagens, estimulando métodos de trabalho baseados na improvisação e na espontaneidade. Ao mesmo tempo, fomentou uma concepção tecnicista que atribuía às novas máquinas o poder redentor de "captar a realidade":

> Livre das restrições tradicionais, graças à evolução das técnicas, o cineasta do direto se permite mergulhar com a sua câmera no coração do real em uma profundidade até então ignorada. Ele pode passear livremente na vida como um peixe na água.[15]

[14] A evolução deste salto tecnológico se deu de forma aproximadamente simultânea no Canadá, Estados Unidos, França e Alemanha. Muito resumidamente, compreendeu os seguintes passos:
  - uso da película 16 mm pelos correspondentes de guerra, desde o início da década de 1940;
  - advento dos gravadores magnéticos portáteis, em 1948;
  - substituição do dispositivo de gravação ótica no filme por um sistema magnético, em 1953;
  - adaptações sucessivas que resultaram em câmeras portáteis e silenciosas, a partir de 1958;
  - gravador magnético portátil em sincronismo com a câmera, a partir de 1959.
Para o detalhamento deste processo, ver RUSPOLI, 1963: 4-8; MARSOLAIS, 1974: 91-95 e 209-214; WINSTON, 1993: 204; e NICHOLS, 1991: 205.
[15] MARSOLAIS, 1974: 307.

Esta idealização dos poderes do novo instrumental técnico foi a pedra de toque de uma "estética do real",[16] cujas manifestações mais exaltadas expressavam um objetivismo delirante e uma crença na verdade que se desprenderia dos eventos registrados com imagem e som em sincronismo. O som direto[17] tornava-se então uma condição essencial, em certos casos o elemento determinante, o próprio vetor da filmagem. Uma expressão sintética desta prevalência do som foi cunhada pelos norte-americanos: *shoot for sound*. Na Europa, Mario Ruspoli tornou-se um ardoroso defensor deste método:

> Ora, *o som deve dirigir* a imagem, e isto nos parecerá tão mais evidente quando imaginamos uma belíssima imagem, *ilustrando um conteúdo verbal insignificante, que seria automaticamente descartada da montagem*, pois apresenta um interesse puramente *visual*, que contradiz a pobreza verbal. Ao contrário, na montagem procuraremos conservar a todo custo uma imagem, ainda que pobre, mas que extrai da boca do homem um "momento" revelador, onde a coisa dita é *importante* e bem captada pelo técnico de som.[18]

O espaço sonoro era como que descoberto pelo cinema, considerado parte indissociável daquele "real a ser apreendido". Ruídos, murmúrios e frases inesperadas eram garimpados como preciosidades inauditas. A palavra dos atores, captada na espontaneidade das situações filmadas, ganhava uma inédita primazia:

> Ora, estas palavras, núcleo do elemento sonoro, não surgiram de uma visão pré-fabricada, literária, logo, estática das coisas, mas de um

---

[16] Estética exaltada já no título do relatório preparado por Louis Marcorelles para a UNESCO em 1964: "Une Esthétique du Réel, le Cinéma Direct".

[17] Som captado em sincronismo com a câmera durante a filmagem, ao contrário do som acrescentado posteriormente através de dublagem e de outros recursos da pós-produção.

[18] RUSPOLI, 1963: 24 (Grifos do autor).

engajamento no coração do real em vias de acontecer. Para o etnólogo, como para o documentarista clássico, até mesmo para o diretor que trabalha com a ficção reconhecida como tal, os mundos se abrem pelo advento deste som sincrônico *integralmente assumido*.[19]

O princípio do assincronismo foi substituído pelo seu exato oposto, o princípio do sincronismo. O som direto era recebido como o preenchimento de uma lacuna que teria desde sempre impedido o trabalho espontâneo dos documentaristas:

Quando o cinema foi inventado, qualquer pessoa inteligente que o visse pela primeira vez, diria: "Ah! Agora nós podemos capturar a vida do modo como ela realmente é". Tolstoi, por exemplo, em 1907 disse: "Agora nós podemos capturar a vida russa como ela realmente é. Não temos mais necessidade nenhuma de inventar histórias". O problema é que, de fato, eles não podiam, porque a única maneira de lidar com os seres humanos é gravar o modo como eles se comunicam, isto é, falando. Além disso, o equipamento era tão incômodo que a coisa toda se tornou uma terrível piada. Imagine abordar uma dona de casa apavorada com câmeras, luz, equipe e aparelhos de gravação; diga então a ela como se comportar, falar, sorrir, relaxar, etc. E depois peça a ela para ser natural! O que realmente se precisava para este tipo de filme era de atores competentes! Então, o documentário, para mim, deixou de existir. Nada podia ser feito até a invenção do transistor, quando o som e o equipamento sincrônico se tornam portáteis.[20]

É fato que o som direto e as inovações técnicas correlatas contribuíram para transformar profundamente o panorama do

<hr>

[19] MARCORELLES, 1964: 7 (Grifo do autor).
[20] Richard Leacock, citado por MARCORELLES, 1973: 47-48.

documentário. Nem por isto Leacock tem razão quando sugere, acima, uma relação de simples causalidade entre técnica e expressão. Tanto assim, que o salto tecnológico daquele período não se traduziu em um único método de filmagem. Múltiplas tendências formais e estéticas se estabeleceram na etapa de apropriação e adaptação do instrumental emergente. Basta ver os diversos movimentos que surgiram, entre 1958 e 1960, batizados conforme suas particularidades locais: no Canadá, *candid eye* para o grupo anglófono do National Film Board; *cinéma spontané* e *cinéma vécu* para o grupo francófono; *living camera* para os jornalistas norte-americanos que se reuniram na Drew Associates; *cinéma-vérité* para os antropólogos franceses.

Independentemente das profundas diferenças na sua concepção do cinema, que examinaremos adiante, todos estes movimentos pareciam imbuídos de um certo sentimento revolucionário, da sensação de estarem produzindo "a eclosão de um cinema novo, de um cinema em liberdade".[21] Este sentimento de ruptura atingiu todos os campos do cinema, mas era particularmente notável no domínio do documentário, que pouco evoluíra formalmente no pós-Guerra e vinha sendo estigmatizado. Louis Marcorelles resume a situação ao referir-se à recusa de alguns cineastas em considerarem-se documentaristas:

Talvez atualmente [documentarista] não seja mais um termo que pareça vivo e forte. Milhares de oportunistas transformaram a palavra em uma forma morta e rotineira de cinema, bem do tipo que merece uma sociedade de consumo alienada – a arte de falar muito em um filme

---

[21] MARSOLAIS, 1974: 21. O próprio título deste livro (*A Aventura do Cinema Direto*), tomado de empréstimo de Mario Ruspoli, reflete bem o sentido de aventura revolucionária atribuído aos novos métodos. E que, de resto, era associado também aos movimentos cinematográficos nacionais do pós-Guerra, começando com o neo-realismo italiano e prosseguindo com a *nouvelle vague* francesa e os cinemas novos que eclodiam simultaneamente em diversos países do terceiro mundo e do leste europeu.

com um comentário imposto de fora para não dizer nada e não mostrar nada. Agora não basta mais que as imagens ilustrem um comentário. O filme precisa falar por si mesmo, mas não como teatro, não como literatura.[22]

Paralelamente ao rompimento com as "formas rotineiras", o cinema feito com som direto proporcionou uma recuperação de tendências que haviam sido aparentemente superadas ou marginalizadas pelo documentário clássico. As atualidades do primeiro cinema, que Grierson considerou "inferiores", tiveram sua descritividade revalorizada. Outro sinal deste movimento, ao mesmo tempo de ruptura e de continuidade com os antecedentes do documentário, está na adoção do termo *cinéma-vérité* – resultado da tradução para o francês de *kinopravda*, cunhado pelo soviético Dziga Vertov. Em dezembro de 1959, juntamente com Jean Rouch, Edgar Morin participou do júri do I Festival Internacional do Filme Etnográfico de Florença. Ao retornar a Paris, publicou uma resenha manifestando sua impressão de que "um novo 'cinema-verdade' era possível":

Refiro-me ao filme dito documentário e não ao filme romanesco. Claro, é pela via do cinema romanesco que o cinema alcançou e continua alcançando suas verdades mais profundas: verdades das relações entre os amantes, parentes, amigos, verdades dos sentimentos e das paixões, verdade das necessidades afetivas do espectador. Mas, há uma verdade que o cinema romanesco não pode captar e que é a autenticidade do vivido.[23]

Gilles Marsolais entende que, ao propor "um novo cinema-verdade", Edgar Morin estaria evidentemente prestando uma homenagem

[22] MARCORELLES, 1973: 37.
[23] "Pour un Nouveau Cinéma-Vérité", *France-Observateur*, 14 jan. 1960. Agora em ROUCH e MORIN, 1962: 5-8.

ao cineasta russo, mas considera que a ênfase estaria na palavra *novo*, no sentido de diferenciar-se do cinema de Vertov.[24] O próprio Morin deu a seguinte interpretação: "significa que nós quisemos eliminar a ficção e nos aproximar da vida. Significa que nós quisemos nos situar em uma linha dominada por Flaherty e Dziga Vertov".[25] Por sua parte, Jean Rouch também viria a assumir a homenagem: "Eu sempre digo que tenho dois 'ancestrais totêmicos', Dziga Vertov, o teórico visionário, e Robert Flaherty, o artesão poeta".[26]

A emergência do cinema com som direto proporcionou uma reformulação radical na escala de valores do documentarismo. Enquanto a estética griersoniana recebia ataques de todos os lados, Flaherty e Vertov eram valorizados como pioneiros visionários. O primeiro, pelo uso de atores não-profissionais e por seu método fundado na intuição e na observação da realidade. Por outro lado, em seu recorte muito particular, os ideólogos deste cinema espontâneo desconsideraram aspectos essenciais da obra de Flaherty, como o caráter extremamente construído de seus planos, a interferência no estilo de vida das comunidades que abordava e a continuidade baseada no modo de representação instituído e codificado pelo cinema de ficção. Já as relações entre Vertov e o cinema direto, mais pertinentes e ainda mais complexas, merecem ser examinadas em separado.

[24] MARSOLAIS, 1974: 21-22.
[25] "Chronique d'un Film". Em ROUCH e MORIN, 1962: 41.
[26] ROUCH, 1989: 79.

6   A Invenção de uma Escritura Documental

Dificilmente algum outro cineasta terá assumido a defesa do documentário de forma mais intransigente que Dziga Vertov.[1] A partir de 1919 – ano em que Lênin decretou a nacionalização do cinema russo – Vertov fez tábula rasa de tudo o que o antecedeu, pronunciando a "sentença de morte (...) contra todos os filmes sem exceção".[2] Para ele, mais de vinte anos após a invenção do cinema, suas potencialidades expressivas permaneciam inexploradas, desperdiçadas e subjugadas a estruturas literárias e teatrais. Aos "cine-dramas burgueses" Vertov opunha as "autênticas atualidades *kinoks*"[3] como única via de criação de uma linguagem propriamente cinematográfica.

Ao defender a evacuação dos estúdios e a descida das câmeras às ruas para filmar "a vida de improviso" – temas que quarenta anos depois seriam tão caros aos apóstolos do cinema direto – Vertov não estava propondo um cinema realista, mas a criação de uma nova visão da realidade, que só o cinema poderia proporcionar. Se, como veremos a seguir, muitos dos conceitos de Vertov foram superficialmente interpretados e apropriados de modo precipitado, os seus pontos de

---

[1] Nascido em 1896, Denis Arkadievitch Kaufman adotou aos 22 anos o nome Dziga Vertov, que significa literalmente "pião giratório" e, conotativamente, "movimento perpétuo".

[2] "Kinoks-Révolution". Em VERTOV, 1972: 26.

[3] *Kinok*, contração de *kino* (cinema) e *oko* (olho), foi como Vertov denominou o movimento criado para militar pelas atualidades. O núcleo básico dos *kinoks* era o Conselho dos Três, formado por Vertov, sua mulher, a montadora Elizaveta Svilova, e seu irmão, o cinegrafista Mikhail Kaufman. Apesar dos esforços em fazer dos *kinoks* um movimento numeroso, os adeptos foram poucos.

contato mais evidentes com o cinema direto dos anos 1960 foram as pesquisas pioneiras no sentido da obtenção de um equipamento portátil, capaz de registrar sincronicamente imagens e sons em locações. Toda a obra de Vertov começou pelo som. Eis como ele rememora seu interesse particular pela "possibilidade de gravar sons documentais", ao ouvir suspiros, sinos, risos, motores e chiados, caminhando em 1918 pelas ruas de Moscou:

> Caminhando, eu penso: é preciso conceber um aparelho não que escreva, mas que inscreva, fotografe, estes sons. De outro modo, seria impossível organizá-los, montá-los. Eles fogem, como o tempo. Uma câmera, talvez? Inscrever aquilo que se vê (...). Organizar um universo não propriamente audível, mas visível. Seria a solução? (...) Neste momento, eu encontro Mikhail Koltsov que me propõe fazer cinema.[4]

Antes de chegar ao cinema, Vertov desenvolveu sua vocação artística trabalhando com palavras e sons. Escreveu poemas e romances (não publicados), ao mesmo tempo em que aprendeu piano e violino no Conservatório de Música de Bialystok. Em 1916, dedicou-se ao estudo da percepção humana no Instituto Psiconeurológico de Petrogrado. Na mesma época, desenvolveu experiências de gravação e montagem de vozes e ruídos mecânicos e naturais, utilizando um velho fonógrafo, ao que denominou "laboratório do ouvido".[5]

Georges Sadoul aponta a íntima relação entre estas experiências e as idéias futuristas, especialmente o manifesto "A Arte dos Ruídos", divulgado em 1913, em que o pintor Luigi Russolo defendia o aproveitamento musical da "variedade surpreendente de ruídos" à disposição de quem atravessasse uma capital moderna com "os ouvidos mais atentos que os olhos".[6] Foi assim, com os ouvidos atentos, imaginando o

---

[4] "Naissance du Ciné-Oeil". Em VERTOV, 1972: 60.
[5] As referências bio-filmográficas de Vertov estão baseadas em PETRIC, 1987: 221-228; SADOUL, 1971: 147-171; e GRANJA, 1981: 76-83.
[6] SADOUL, 1971: 18-29.

equipamento cinematográfico como um dispositivo apto a registrar e editar imagens e sons do mundo, que Vertov, na primavera de 1918, foi trabalhar no Comitê de Cinema de Moscou, para logo se tornar redator de letreiros e montador dos cinejornais semanais *Kinonedélia*.[7]

Os anos que se seguiram à Revolução de outubro de 1917 proporcionaram aos artistas soviéticos condições excepcionais de trabalho. O entusiasmo pela construção do socialismo vinha dotar de novos conteúdos e objetivos a arte russa, que na década anterior havia se afirmado como um dos ramos mais ativos da vanguarda estética mundial. A música, as artes plásticas, a poesia e o teatro eram perpassados por diversos movimentos e propostas renovadoras, sob a égide do futurismo e do construtivismo.[8]

A idéia de montagem e o predomínio dos "fatos" na obra artística, em detrimento da encenação, figuravam com destaque entre os preceitos dos construtivistas. Um de seus porta-vozes era a revista *LEF*, que fazia a defesa radical de uma "arte construção da vida": "estes pretensos diretores! Quando vocês e as ratazanas vão parar de se preocupar com os objetos da cena? Cuidem da organização da vida real".[9] Vemos que

[7] O Comitê, depois denominado Departamento de Foto-Cinema do Narkompros, era órgão de primeiro escalão do Comissariado do Povo para a Educação e orientava toda a atividade cinematográfica soviética. A seção de documentários foi inicialmente dirigida por Lev Kuleshov. Seu sucessor, Mikhail Koltsov, foi quem convidou Vertov para trabalhar como assistente. A série *Kinonedélia*, primeiro cinejornal soviético, foi produzida durante 13 meses, a partir de 1/6/1918, resultando em 43 edições. As imagens provinham de cinegrafistas espalhados por todo o país.

[8] As condições de país pré-industrial e revolucionário imprimiram no Futurismo russo características fortemente distintas do movimento italiano, comprometido com a guerra colonial e o racismo. Entre os traços comuns podemos apontar o elogio à velocidade e à máquina, bem como a negação de toda a arte antecedente: "nós queremos demolir os museus, as bibliotecas", proclamava o "Manifesto do Futurismo", divulgado por Marinetti e alguns seguidores no Figaro, em 20/2/1909. O Futurismo russo foi fundado por volta de 1911 por Bourliouk e Maiakovski. Este entrou em conflito com Marinetti durante uma conferência proferida pelo italiano em Moscou, em 1914.

[9] Extrato de um manifesto publicado na *LEF*, nº 2, citado por EISENSCHITZ, 1970: 28. LEF, Levyi Front Iskusstva, Frente Esquerda da Arte, foi fundada em 1923. Maiakóvski era secretário de redação.

Vertov, longe de estar sozinho em sua defesa do documentário, inscrevia-se em uma tendência que disputava, no campo ideológico e estético, a hegemonia do cinema soviético. Mais de uma vez, em seus escritos, Vertov citou as palavras de Lênin: "A produção de novos filmes impregnados das idéias comunistas que refletem a realidade soviética deve começar pelas atualidades".[10] Assim legitimava sua proposta de que as salas de cinema fossem ocupadas segundo uma "proporção leninista": os "dramas artísticos" teriam direito a não mais do que 25% do tempo de tela.[11]

Esta oposição ficção *vs.* não-ficção, que polarizou o cinema soviético ao longo de toda a década de 1920,[12] não era debatida como mera questão de gosto pessoal. A função social do cinema, tema que alguns anos depois o griersonismo transformaria no objetivo maior da escola inglesa, na Rússia soviética era uma premissa inquestionável. O que estava em discussão era a definição dos métodos mais adequados à participação do cinema na construção do "homem novo" e de uma sociedade industrial e socialista. Ao optar pelas atualidades – a "segunda via, a via da invenção" – integrando em seus filmes e textos[13] os ideais leninistas aos princípios do Futurismo russo, Vertov assumia como tarefa essencial e programática "ajudar cada oprimido em particular e o proletariado em geral em sua ardente aspiração de ver claramente os fenômenos vivos que nos cercam".[14]

---

[10] "Dernière Experiénce" e "L'Amour pour l'Homme Vivant". Em VERTOV, 1972: 181 e 205.

[11] "Kinopravda e Radiopravda". Em VERTOV, 1972: 80.

[12] Em dezembro de 1927, a revista *Novyi LEF* publicou um simpósio do qual participaram o escritor e poeta S. Tretyakov, o roteirista e teórico V. Shklovsky, o roteirista e crítico O. Brik e a cineasta E. Shub. As diferentes interpretações convergiam para a questão central da época: a controvérsia entre cinema encenado ou não encenado. Ver um resumo do simpósio em JACOBS, 1979: 29-36.

[13] Em vida, Vertov nunca publicou livros. Seus principais textos consistem em intervenções públicas: manifestos, artigos de jornal e transcrições de comunicações orais. Daí o tom exortativo e incisivo, marcados pelo calor dos debates e pela urgência na tomada de posições. Não são reflexões teóricas, mas intervenções político-ideológicas – e neste sentido diferem fundamentalmente dos escritos de Eisenstein. Somente em 1966, 12 anos depois da morte de Vertov, Sergei Drobachenko editou uma antologia contendo seus principais textos. A tradução francesa, *Articles, Journaux, Projects*, de 1972, nos serviu como referência.

[14] "L'Éssentiel du Ciné-Oeil". Em VERTOV, 1972: 73.

Temos aqui um primeiro pressuposto de Vertov: é preciso educar as massas. E, para explicar "a vida tal como ela é", para interpretar "os fenômenos vivos à nossa volta", não bastavam os atributos humanos. Eis um segundo pressuposto: a percepção do homem é limitada. As "deformações psicológicas" e uma mobilidade restrita o impediam de apreender a estrutura dos processos naturais e sociais. Daí "a aspiração legítima de libertar a câmera, reduzida a uma triste escravidão, submetida à imperfeição e à miopia do olho humano".[15] Mas a máquina possui aptidões que o ser humano não tem. Este terceiro pressuposto de Vertov foi por vezes impregnado de excessos futuristas, em que a máquina, idolatrada, tornava-se um sucedâneo do homem ou a geratriz de uma espécie de ser híbrido humano-elétrico-mecânico: "nós iremos, pela poesia da máquina, do cidadão desajeitado ao homem elétrico perfeito".[16] A relação complementar homem-máquina é uma idéia central no método vertoviano:

> O principal e o essencial é a cine-sensação do mundo. Nós assumimos então, como ponto de partida, a utilização da câmera enquanto cine-olho muito mais aperfeiçoado que o olho humano, para explorar o caos dos fenômenos visuais que preenchem o espaço. O cine-olho vive e se move no tempo e no espaço, reúne e fixa as impressões de uma maneira diferente do olho humano. A posição de nosso corpo durante a observação, a quantidade de aspectos que nós percebemos em tal ou qual fenômeno visual, não condicionam a câmera que, quanto mais aperfeiçoada, mais e melhor percebe.[17]

Por fim, um quarto pressuposto: o cinema como revelador do mundo. Não uma revelação especular, mas analítica, da qual o ato da

---

[15] "Kinoks-Révolution". Op. cit.: 26.
[16] "Nous". Em VERTOV, 1972: 17. Trata-se do primeiro manifesto de Vertov, escrito em 1919 mas somente publicado em 1922, na edição inaugural da primeira revista de cinema soviética, *Kinofot*, fundada pelo construtivista Aleksei Gan.
[17] "Kinoks-Révolution". Op. cit.: 27.

filmagem é apenas uma etapa. O objetivo é "uma percepção nova do mundo", percepção especificamente cinematográfica, organização do tempo e do espaço que o olho humano desarmado não tem condições de realizar. Para isto, Vertov propunha o uso de "todos os meios cinematográficos, todas as invenções cinematográficas, todos os procedimentos e métodos, tudo o que podia servir para descobrir e mostrar a verdade".[18] Entre estes recursos estavam os movimentos de câmera; a escala dos planos desde o mais aproximado ao mais distante; as variações de velocidade de filmagem; a imagem fixa, as sobreposições e fusões; as animações; e, sobretudo, os "intervalos, passagens de um movimento a outro", ou seja, a montagem. Esta interpretação cinematográfica dos fenômenos vivos era encarada como um "estudo científico-experimental" do mundo visível e audível, logo irredutível à percepção humana. Ao contrário, tratava-se de "tornar visível o invisível", explicitar pelos meios próprios e únicos do cinema a estrutura da sociedade. Esta prática pedagógica e científica tinha o "cinema-olho" como método e o "cinema-verdade" como princípio estratégico:

> O "cinema-olho", junção da ciência e das atualidades cinematográficas, com o objetivo de combatermos pela decifração comunista do mundo, tentativa de mostrar a verdade na tela pelo Cinema-Verdade.[19]

O termo "cinema-verdade" (*kinopravda*), que viria motivar tantas controvérsias nos anos 1960, tinha pelo menos dois significados. Foi o título da série de 23 cinejornais que o grupo dos *kinoks* realizou, entre 1922 e 1925, certamente como alusão ao jornal *Pravda*, fundado por Lênin em 1912. Foi também a fórmula sintética que Vertov encontrou para representar o objetivo estratégico de todo o seu trabalho. Cinema-verdade era "a verdade expressa por todo o leque das possibilidades

---

[18] "Naissance du Ciné-Oeil". Op. cit.: 61.
[19] Idem: 62.

cinematográficas".[20] Por várias vezes Vertov insistiu em que o "cinema-olho" era o meio, "o objetivo era a verdade".

O binômio "cinema-olho" (*kino glaz*) aparece nos escritos de Vertov com diversas acepções complementares. Foi um dos nomes do movimento criado em 1919 para lutar pelo predomínio das atualidades[21] – matriz da abreviação *kinoks*. Foi o título do filme realizado em 1924, como piloto de uma série (que nunca se completou) destinada a explicitar os princípios teóricos defendidos por seu autor. Cinema-olho foi, também, o conceito-chave do método vertoviano. Sua base era o "cine-registro dos fatos". Vertov entendia que, durante a filmagem, a câmera não deveria interferir no curso normal dos acontecimentos. Para mostrar "a vida como ela é" era necessário um registro absolutamente espontâneo. Daí a expressão "a vida de improviso" – aliás, subtítulo do filme *Kino Glaz*.

Nota-se o esforço de Vertov para evitar qualquer forma de "dramatização". Nem atores profissionais, nem "atores nativos"; a "interpretação cênica" considerada uma irremediável falsificação do mundo. Entre as "palavras de ordem elementares" do movimento dos kinoks incluía-se: "abaixo a encenação da vida cotidiana; filme-nos de improviso tal qual somos".[22] Como regra geral, a câmera deveria ser invisível para as pessoas filmadas, de modo a cumprir sua verdadeira vocação: "a exploração dos fatos vivos".[23]

Uma factualidade que não era sinônimo de objetivismo. Os *kinoks* organizavam seus filmes "à base de cine-documentos reais", mas não

[20] "L'Amour pour l'Homme Vivant". Op. cit.: 203. A 17 de janeiro de 1937, Vertov escreveu em seu diário: "Para que servem os filmes que não procuram descobrir a verdade? Se você não é capaz de descobrir a verdade, não faça o filme. Não temos necessidade deste tipo de filme". VERTOV, 1972: 280.

[21] Em 1934, Vertov rememora: "Desde o início era preciso dar um nome a nossa atividade e a chamamos cinema-olho". "Trois Chants sur Lénine et le Ciné-Oeil". VERTOV, 1972: 169.

[22] "Instructions Provisoires aux Cercles Ciné-Oeil". VERTOV, 1972: 102.

[23] Idem: 99. Como primeira observação do "regulamento de combate dos kinoks", se lê: "instrução geral para todos os procedimentos: a câmera invisível(...), a filmagem de improviso é uma velha lei de guerra: golpe de vista, velocidade, pressão". VERTOV, 1972: 215.

Cartaz de Kino Glaz –
A Vida de Improviso.

*Dziga Vertov carrega o tripé,
acompanhado de um assistente.*

supunham que as imagens destilassem verdades por si só. Em sua negação da encenação e defesa das atualidades, Vertov certamente estava reivindicando uma autenticidade ontológica para a imagem – e, igualmente, para os sons documentais. Mas, longe do que André Bazin[24] e Siegfried Kracauer[25] viriam a formular décadas mais tarde, esta base ontológica não significava algo como uma "redenção da realidade física". Ao contrário de uma "montagem proibida" – como viria a propor Bazin, em defesa do plano-seqüência[26] – Vertov encarava o cinema como "montagem ininterrupta", processo permanente de interpretação e organização dos fatos.

Todo o método de Vertov se organiza em torno desta contradição dialética entre factualidade e montagem; ou seja, articulação entre o "cine-registro dos fatos" e a criação de uma nova estrutura visual capaz de interpretar relações visíveis e invisíveis – como, por exemplo, as relações de classe. A verdade não era encarada como algo "captável" por uma câmera oculta, mas como produto de uma construção que envolvia as sucessivas etapas do processo de criação cinematográfica: "os filmes do 'cinema-olho' estão em montagem a partir do momento em que se escolhe o assunto até a cópia final, ou seja, estão em montagem durante todo o processo de fabricação do filme".[27]

Esta montagem permanente compreendia, como primeira etapa, um inventário dos materiais que, de um modo ou de outro, tivessem relação com o tema. Prosseguia na montagem das observações empíricas feitas por todos aqueles envolvidos no projeto, resultando em um "plano de filmagem" – que Vertov insistia em diferenciar de roteiro – "peça literária e anti-cinematográfica". O ato da filmagem, "orientação do olho armado da câmera", era concebido também como uma operação de

---

[24] "Ontologie de l'Image Photographique". Em BAZIN, 1958: 11-20.
[25] KRACAUER, 1960.
[26] "Montage Interdit". Em BAZIN, 1958: 117-130.
[27] "Du 'Ciné-Oeil' au 'Radio-Oeil'". Em VERTOV, 1972: 129.

montagem. Após a filmagem e a reunião de materiais complementares, iniciava-se a etapa final: montagem central dos "cine-objetos", até a obtenção de uma espécie de "equação visual, de fórmula visual". Para Vertov, um filme era construído sobre "intervalos", ou seja, sobre uma correlação visual entre imagens – na verdade, soma de diferentes correlações, tais como a escala de planos, os diferentes ângulos de filmagem, o movimento no interior do plano, a escala de tons de cinza e a variação de velocidades de câmera.[28]

Georges Sadoul observa que a "teoria dos intervalos" de Vertov parte de um conceito musical,[29] pois se a palavra intervalo significa distância, no tempo e no espaço, também significa "diferença de altura entre dois sons", traduzindo-se graficamente na distância entre duas linhas da pauta. E, se a montagem cria um tempo e um espaço específicos, de certo modo ela o faz através de correlações tonais. Como vimos, após estudar música, as primeiras experiências criativas de Vertov se deram na montagem de palavras e sons. Em seguida, ele ingressou no cinema montando planos filmados por cinegrafistas anônimos.

Ao transformar estes "cine-objetos" em peças dotadas de um novo sentido, Vertov estava desenvolvendo uma experiência inédita de montagem. Experiência simultânea à de Kuleshov,[30] mas com sentido oposto. Enquanto este – que foi seu antecessor na seção de documentários

[28] Os primeiros manifestos de Vertov ("Nous" e "Kinoks-Révolution". Op. cit., 1972: 15-20 e 26-34) consistem em um elogio rasgado às possibilidades da montagem. Uma exposição mais sistemática da teoria vertoviana da montagem pode ser encontrada em "Les Kinoks et le Montage" e em "Du 'Ciné-Oeil' au 'Radio-Oeil'". Em VERTOV, 1972: 102-103 e 129-132.

[29] SADOUL, 1971: 61-63. Vlada Petric afirma que o aspecto mais importante desta teoria é "sua ênfase no conflito perceptivo que ocorre entre dois planos contíguos como resultado do corte 'em movimento', de modo que a seqüência funciona como uma frase musical, com seu acento rítmico, pico e declínio". PETRIC, 1987: 27.

[30] Lev Kuleshov, o primeiro teórico da montagem, escreveu artigos a partir de 1917. Em 1929, publicou o tratado *Iskusstvo Kino (A Arte do Cinema)*. Suas experiências com a variação de efeitos obtidos a partir da junção de planos, realizadas a partir de 1920 em seu Laboratório Experimental, resultaram no que Pudovkin veio a denominar "efeito Kuleshov", e que pode ser resumido no seguinte princípio geral: o significado de uma imagem é qualitativamente afetado pela que a precede e pela que a sucede.

do Narkompros – dedicava-se a extrair efeitos dramáticos da junção de imagens encenadas, Vertov orientou-se para a criação de uma "linguagem documental, linguagem dos fatos fixados sobre a película".[31] A noção de "intervalo" já aparece no manifesto "Nós", escrito em 1919 mas só publicado em 1922. No ano seguinte, "Kinoks-Revolução" é publicado no n° 3 da revista *LEF*, juntamente com o artigo "Montagem de Atrações", de Eisenstein.[32] Entre 1918 e 1922 a montagem já era um procedimento universal, mas no domínio das atualidades Vertov a exercitava empiricamente, como uma reinvenção, e a teorizava como um pioneiro.

A experiência anterior com a música e com a gravação e montagem de "documentos sonoros" se reflete claramente na concepção vertoviana da montagem. Já no manifesto "Kinoks-Revolução", montagem sonora e montagem visual participavam igualmente da antevisão de uma nova forma de expressão:

> O rádio-ouvido é a montagem do "Eu escuto"! O cinema-olho é a montagem do "Eu vejo"! Cidadãos, eis o que lhes ofereço em um primeiro momento, em lugar da música, da pintura, do teatro, do cinematógrafo e de outros escoamentos estéreis.[33]

Adiante, esta relação é reiterada, para enfatizar o caráter documental dos registros visuais e sonoros:

> A arena é pequena demais. Entrem na vida. É aí que trabalhamos nós, mestres da visão, organizadores do visível, armados do cinema-olho, presentes em toda parte e quando é preciso. É lá que trabalham os

---

[31] "A Propos du Film *La Onzième Annéé*". Em VERTOV, 1972: 113.

[32] Eisenstein viria a formular sucessivas teorias sobre a montagem, mas este texto resulta de suas práticas teatrais e de sua participação durante três meses, em 1923, no Laboratório Experimental de Kuleshov. Ver LABARTHE, 1970: 93.

[33] "Conseil des Trois". Em VERTOV, 1972: 31.

mestres da palavra e dos sons, os virtuosos da montagem da vida audível.[34]

Vimos que Thomas Edison concebeu o quinetoscópio como um possível complemento ao fonógrafo, de modo a poder imitar ilusionisticamente a vida. No caso de Vertov, a antevisão do dispositivo audiovisual estava fundada no projeto de gravar e reproduzir imagens e sons para "organizar a vida visível e audível", de modo a "estabelecer uma ligação de classe visual e auditiva entre o proletariado de todas as nações e de todos os países sob a plataforma da decifração comunista do mundo".[35]

Toda a obra teórica e fílmica de Vertov traz a marca do antinaturalismo. Em pelo menos três de seus filmes esta característica se exacerba, transformando-se em uma pedagogia antiilusionista direta: *Kino Glaz (Cinema-Olho)*, *Chelovek s Kinoapparatom (O Homem da Câmera)* e *Entuziazm – Simfoniia Donbassa (Entusiasmo)*. Este, que foi seu primeiro filme sonoro, permitiu a Vertov colocar em prática em 1930 idéias gestadas desde os tempos do "laboratório do ouvido". Nele podemos confirmar que a teoria do cinema-olho aplica-se igualmente a imagens e sons.

Do mesmo modo como a noção de "vida de improviso" não implicava, para a imagem, uma reprodução especular, o acesso aos meios técnicos do cinema sonoro não vai ensejar em Vertov um tratamento documental naturalista do som. O uso criativo do som faz de *Entuziazm* uma sinfonia de ruídos, como bem define o subtítulo: *Sinfonia do Donbass*.[36] Alguns ruídos são dissociados de suas fontes e dotados de significados metafóricos; sons são contrastados ou cortados abruptamente; ruídos e

---

[34] Idem: 33.
[35] "L'Essentiel du Ciné-Oeil". Op. cit., 1972: 74.
[36] Em sua análise de *Entuziazm*, Lucy Fischer aponta 15 diferentes estratégias no uso do som. Em WEIS, 1985: 247-261.

Entuziazm, *filmado na Ucrânia, foi o primeiro filme sonoro de Vertov.*

música são meticulosamente sobrepostos, originando em certos momentos uma colagem sonora sintética; sons antecipam as imagens correspondentes e vice-versa, alternando assincronismo e sincronismo conforme as necessidades do argumento. Os discursos sincrônicos dos trabalhadores dão uma dimensão até então desconhecida ao documentário soviético. Comentando a concepção sonora deste filme, Vertov afirmou:

Nós não nos satisfazemos em simplesmente coincidir a imagem com o som e nós seguimos a linha que, na nossa situação, era aquela da resistência máxima, aquela das *interações complexas do som e da imagem*.[37]

Entuziazm era o primeiro filme sonoro russo de longa-metragem não-encenado; e Vertov estava, por certo, respondendo à hipótese lançada em 1928 por Eisenstein, Pudovkin e Alexandrov, na Declaração Sobre o Futuro do Cinema Sonoro, que comentamos no capítulo anterior:

Gravação de som é uma invenção de dois gumes, e é mais provável que seu uso ocorrerá ao longo da *linha de menor resistência*, isto é, ao longo da linha da satisfação da simples curiosidade.[38]

Grande parte dos cineastas soviéticos, fazendo coro com esta hipótese, encarou com receio o advento do sonoro, por considerar que o cinema, como forma de expressão visual baseada na montagem, estava sob ameaça. Vertov, ao contrário, empenhava-se firmemente na conquista dos meios técnicos do cinema sonoro e julgava que os "documentos sonoros" seriam valiosas peças de montagem. No mesmo ano em que realizou *Entuziasm*, Vertov se posicionou publicamente, considerando falso o princípio do assincronismo e recolocando suas premissas:

As declarações sobre a necessidade de uma não-concordância das situações visíveis e audíveis, como aquelas da necessidade de fazer somente filmes com ruídos ou filmes falados, nada disso tem a menor importância. No cinema sonoro, como no cinema mudo, distinguimos apenas dois tipos de filme: os documentários (com diálogos, ruídos autênticos, etc.) e os filmes encenados (com diálogos, ruídos artificiais,

---

[37] "Examinons le Prémier Film Sonore: *La Symphonie du Dounbass*". Em VERTOV, 1972: 155. (Grifo do autor).
[38] EISENSTEIN, 1990: 218 (Grifo nosso).

especialmente fabricados para a filmagem, etc.). A *concordância* ou *não-corcondância* do visível e do audível não é de modo algum obrigatória, nem para os documentários nem para os filmes encenados. As imagens sonoras, como as imagens mudas, são montadas segundo princípios idênticos; sua montagem pode fazê-los concordar ou não. Ou ainda, misturá-las em diversas associações necessárias. É preciso também descartar a todo custo esta confusão estúpida que consiste em subdividir os filmes em falados, com ruídos ou sonoros.[39]

O pioneirismo de Vertov em propor um cinema documental sonoro inteiramente realizado em exteriores enfrentava dificuldades tecnológicas[40] e ideológicas. Não se tratava de combater apenas o princípio do assincronismo, mas também a descrença nas possibilidades da gravação fora dos estúdios. Em 1929, o engenheiro de som Ippolit Sokolov publicara um artigo no qual afirmava que os ruídos do mundo eram "não-fonogênicos". Logo, a gravação de sons "de improviso" seria inviável, "porque ruídos analógicos aleatórios e desorganizados transformam-se em uma verdadeira cacofonia de sons, literalmente um concerto felino".[41] Vertov militava na linha oposta. Em 1926, frisando as diferenças no plano técnico entre o cinema encenado e um cinema baseado em "fatos vivos", registro espontâneo de documentos nas ruas e nas fábricas, ele já havia afirmado que, ao contrário de estúdios, cenários, diretores "grandiosos" e atrizes "sensacionais", as necessidades urgentes dos kinoks eram:

---

[39] "Réponses a des Questions". Em VERTOV, 1972: 149-150 (Grifos do autor).

[40] A importação de equipamentos de som estava proibida por lei. Por outro lado, a pesquisa e desenvolvimento de equipamentos cinematográficos sonoros não fazia parte das prioridades do Plano Quinquenal. A primeira demonstração de equipamento sonoro foi feita por Shorin e Tager no final de 1928, mas só em agosto do ano seguinte foi testado um sistema de gravação em exteriores. LEYDA, 1960, cap. 13.

[41] "The Potentialities of Sound Cinema", *Kino* nº 45, fevereiro de 1929, citado por PETRIC, 1987: 59. Vertov caricaturalmente denominou as idéias de Sokolov de "teoria do concerto de miados". "Premiers Pas". Em VERTOV, 1972: 156-160.

1) meios de transporte rápidos,
2) película de alta sensibilidade,
3) câmeras portáteis pequenas e ultraleves,
4) aparelhos de iluminação também leves,
5) uma equipe de cine-repórteres ultra-rápidos,
6) um exército de kinoks-observadores.[42]

Se já são flagrantes as afinidades entre as prioridades técnicas dos kinoks e aquelas estabelecidas trinta anos depois pelos supostos pioneiros do cinema direto, muito mais o seriam nas teses de um artigo de outubro de 1936, no qual Vertov propôs a instituição de um "Laboratório de Criação", com o fim de concentrar, acelerar e racionalizar as pesquisas de equipamentos móveis e sincrônicos para realização de documentários sonoros em exteriores. Eis algumas das condições técnicas a serem satisfeitas:

A filmagem deve ser instantânea, quer dizer, efetuar-se sem o menor atraso, no mesmo instante em que a pessoa observada age.
A filmagem deve ser silenciosa, para não distrair a pessoa filmada e não produzir ruído na gravação.
A filmagem deve ser tecnicamente possível em qualquer lugar.
A aparelhagem de sincronização deve ser pouco volumosa, sem baterias que atrapalhem e não deve ser necessário que exista corrente elétrica na locação.
Toda possibilidade de pane deve ser excluída, pois os atos das pessoas filmadas não podem ser ensaiados (nós estamos lidando com pessoas que não estão representando).
Os gestos do operador e do técnico de som deverão ser coordenados ao máximo, fundidos em um só, simultâneos; e a melhor solução para

---

[42] "Instructions Provisoires aux Cercles Ciné-Oeil". Op. cit., 1972: 106.

isto é a reunião, em um aparelho único, da gravação sonora e visual sobre duas pistas.[43]

Este trecho de Vertov bem poderia passar por um resumo das características técnicas e metodológicas do cinema direto, na forma como foi defendido nos anos 1960. A começar pela instantaneidade da filmagem de improviso. Em seu panorama do cinema direto, Gilles Marsolais diz que "por procurar apreender um acontecimento *em vias de se suceder*, o direto é um cinema fundado essencialmente sobre a noção de *improvisação*".[44] Como corolário, os puristas do direto formulariam uma "ética da não-intervenção". O método de trabalho que melhor lhe corresponde foi desenvolvido por Mario Ruspoli, em sua "teoria do mimetismo", que leva ao paroxismo as preocupações de Vertov:

> O *cameraman*, como o técnico de som, deve carregar seu aparelho com a discrição que só o hábito do mimetismo pode trazer. Devem saber instintivamente se dissimular na multidão, nunca fazer gestos bruscos para chamar a atenção dos companheiros de equipe, nunca gritar, falar o mínimo possível e nunca sobre a filmagem – em resumo, não fazer nenhum movimento que pareça insólito. É preciso armarem-se de paciência, serem ao mesmo tempo simpáticos e ausentes, em uma palavra, *confundir-se com as paredes*.[45]

Ao referir-se à irrepetibilidade, Vertov propugnava a tomada única, ao contrário do método convencional de filmagem, em que a cena pré-

---

[43] "Sur l'Organisation d'un Laboratoire de Création". Em VERTOV, 1972: 186-187. Quanto à técnica audiovisual, a total ausência de experiências anteriores na Rússia obrigou Vertov a testar três diferentes métodos de gravação sonora: "Primeiro eles captaram imagem e som em diferentes momentos e diferentes negativos; segundo, captaram imagem e som sincronicamente em diferentes negativos; terceiro, captaram imagem e som sincronicamente no mesmo negativo". FISCHER, em WEIS, 1985: 258.
[44] MARSOLAIS, 1974: 294 (Grifos do autor).
[45] RUSOPOLI, 1963: 30 (Grifos do autor).

concebida – escrita no roteiro e ensaiada pelos atores – é refilmada até a obtenção de uma tomada considerada satisfatória. Por seu lado, comentando os filmes realizados no final dos anos 1950 por Lionel Rogosin, Marsolais afirma que o método de filmar uma única tomada de cada situação "será a regra de ouro dos cineastas do direto".[46] A condição apontada por Vertov de filmar onde quer que se faça necessário, associada à autonomia, leveza e portabilidade do equipamento, confunde-se com a base técnica sobre a qual se assenta a própria definição de cinema direto atribuída por Marsolais: "um cinema que capta em direto ('em campo', fora do estúdio) a palavra e o gesto através de um material (câmera e gravador) sincrônico, leve e facilmente manipulável".[47]

Se Vertov antecipou em várias décadas as condições necessárias à filmagem em direto, vindo a satisfazer a maior parte delas, nem por isso seu cinema pode ser identificado com a "estética do real" defendida por certos cineastas dos anos 1960. Para estes, a não-intervenção durante a filmagem representava um respeito quase sagrado ao "real", razão de uma postura neutra do cineasta, "observando aquele mistério supremo, a realidade".[48] Para Vertov, a "vida de improviso" nunca significou uma renúncia em manipular livremente as imagens. Ao contrário, ele as sobrepunha e subdividia, invertia seu movimento, operava com diversas velocidades de câmera, enfim, trabalhava com os "cine-objetos" como signos de uma livre escritura audiovisual:

Durante quinze anos eu aprendi a cine-escritura. Eu aprendi a arte de escrever não com uma caneta, mas com uma câmera. A falta de um alfabeto cinematográfico me perturbava. Eu tentei criar este alfabeto. Eu me especializei na "cine-escritura dos fatos". Eu me esforcei para

[46] MARSOLAIS, 1974: 81.
[47] Idem: 22.
[48] LEACOCK, 1961: 23.

me tornar um cine-escritor das atualidades. Eu aprendi este ofício diante de uma mesa de montagem.[49]

Enquanto Flaherty baseou-se nas regras de continuidade da montagem narrativa, construindo com as imagens um espaço-tempo ilusoriamente unitário, Vertov seguiu o caminho oposto, baseando-se na descontinuidade. Em seus filmes, só eventualmente dois planos contíguos fornecem ao espectador uma unidade espaço-temporal. Por vezes, esta desorientação imagética e sonora parece deliberadamente visar uma participação mental ativa do espectador. A continuidade procurada é a do argumento, através de uma "cine-escritura dos fatos". De certo modo, um "tratamento criativo da realidade", mas radicalmente distinto daquele que os ingleses formularam com base no método de Flaherty. Vertov descartou radicalmente a dramatização, optando por um "cinema intelectual"[50] que não quer apenas mostrar, "mas organizar as imagens como um pensamento, de falar graças a elas a linguagem cinematográfica, uma linguagem universalmente compreendida por todos, possuindo uma considerável força de expressão".[51]

A concepção vertoviana da filmagem tem evidentes pontos de contato com o modelo Lumière. A mesma câmera discreta, às vezes oculta; a mesma atitude "científica" diante dos fatos. Um dos precursores desta linhagem foi o fisiologista Marey, que perseguia a análise do movimento, e não a sua síntese como forma de representação ilusionista da vida. Por isto mesmo, não orientou suas pesquisas no sentido de uma projeção de "fotografias animadas". Sua demonstração mais bem sucedida foi a cronofotografia em placa fixa, que sobrepunha na mesma imagem, através de exposições sucessivas, diversos estágios do

---

[49] "Dernière Expérience". Op. cit., 1972: 181.

[50] Este termo também foi empregado por Eisenstein, que veio a repudiá-lo em autocrítica feita durante a Conferência dos Trabalhadores do Cinema Soviético, em janeiro de 1935. EISENSTEIN, 1990: 119.

[51] Mikhail Kaufman, citado por SADOUL, 1971: 94.

movimento. De nada lhe interessava um dispositivo capaz de registrar e mostrar aquilo que o olho humano via: "o autêntico caráter de um método científico radica em suprir a insuficiência de nossos sentidos ou em corrigir seus erros", afirmou, concluindo que "só a câmera lenta ou acelerada tem interesse do ponto de vista da síntese científica".[52] Do mesmo modo, Vertov veio a considerar que a câmera não devia se comportar como uma mera extensão do olho humano, mas corrigir suas imperfeições:

> Até hoje nós violentamos a câmera, forçando-a a copiar o trabalho de nosso olho. Quanto melhor a cópia, mais nos satisfazíamos com a filmagem. A partir de agora nós liberamos a câmera e a fazemos funcionar numa direção oposta, muito distante daquela cópia.[53]

Marey descartou como redundante a simples cópia do que o olho vê, por falta de interesse científico. Já Vertov o fez por duas razões: sua concepção futurista da máquina como modelo para o homem e sua militância antiilusionista, frontalmente contrária ao "cine-drama burguês". Ao declarar-se um "cine-escritor das atualidades", Vertov estava retomando a linha que ligava Marey a Lumière e contornando o modo de representação narrativo. Através da montagem de "cine-documentos", acreditava estar fundando a "verdadeira linguagem cinematográfica".

Dentre os diversos agrupamentos de artistas soviéticos que confrontavam posições durante os anos 1920, os futuristas eram os mais radicais na negação em bloco da herança artística do passado – uma

---

[52] Étienne-Jules Marey, no prólogo a TRUTAT, E. *Les Photographies Animées.* Paris: Gauthier-Villars, 1899, citado por BURCH, 1987: 29. Sobre a câmera patenteada por Marey em 1893, ver COE, 1992: 32, onde se lê: "a câmera de filmar de Marey foi a primeira a contemplar com sucesso os princípios essenciais da câmera cinematográfica. Como a análise das imagens individuais era o objetivo básico do sistema, não era relevante acrescentar perfurações ao filme, o que teria permitido uma projeção exata dos resultados".
[53] "Kinoks-Révolution". Op. cit., 1972: 28.

questão de princípio, assumido muito antes da vitória bolchevique. Alinhado com esta posição, já no seu primeiro manifesto Vertov afirmava que "o futuro da arte cinematográfica é a negação do seu presente".[54] Logo, a "antiestética" que Vertov professava tinha contornos muito diversos daquela que Grierson viria a defender. Este recusava o "artificialismo dos estúdios" e os excessos esteticistas, enquanto Vertov ia mais além, incluindo na sua rejeição todo e qualquer resquício dramatúrgico, impedimentos para a criação de uma autêntica "cine-língua".

> Todo filme não passa de um esqueleto literário envolvido numa cine-pele (...), não há obras cinematográficas. O que existe é concubinato de cine-ilustrações com o teatro, a literatura, a música, com quem e com o que, quando e por quanto tempo se queira.[55]

Não conhecemos a opinião de Vertov sobre Flaherty, mas é fácil depreender uma oposição. Seus métodos tinham em comum apenas a preferência pela filmagem fora dos estúdios; no mais, em tudo eram distintos. Ao adotarem o método de Flaherty como modelo, Grierson e Rotha estavam privilegiando o partido da dramatização e da *mise en scène* documentária. Não foi por desconhecimento de Vertov que deixaram de adotar suas idéias, mas por considerarem-nas menos adequadas a um cinema educativo-propagandístico. Isto pode parecer contraditório, dadas as características expressamente político-propagandísticas do cinema soviético. Grierson reconhecia nos diretores russos "a estreita relação entre finalidade e tema",[56] mas assumia um ar professoral ao proclamar a direção para qual eles deveriam voltar suas atenções: "os problemas comuns da vida cotidiana e as suas soluções comuns – ou

----

⁵⁴ "Nous". Op. cit., 1972: 16.
⁵⁵ "L'Importance du Cinéma Non Joué". Em VERTOV, 1972: 54.
⁵⁶ "Summary and Survey": 1935. Em HARDY, 1946: 115.

mesmo instrutivas".[57] O que estava por trás destas críticas era uma sobrevalorização do mundo do trabalho dissociado do contexto revolucionário; e uma incompreensão da relação dialética entre propaganda política e experimentação formal. Parecendo fazer coro às autoridades stalinistas, Grierson afirmou que os cineastas soviéticos

> sofreram muito da liberdade artística concedida aos artistas em um primeiro período não crítico de entusiasmo revolucionário, pois eles tenderam a isolar-se cada vez mais em impressões individuais e em performances individuais.[58]

Vertov não seria exceção a esta generalização. A única vez em que comparece na antologia de textos de Grierson é para receber uma crítica que, aliás, bem caberia aos próprios documentários ingleses:

> Vertov (...) usou todo o tipo de exibicionismo de câmera para contar em *Enthusiasm* como era maravilhosa a vida proletária. Mas o ângulo heróico de sua visão do operariado sempre falhou em observar o que os homens estavam fazendo.[59]

Paul Rotha fez eco às palavras de Grierson, separando ainda mais Vertov das características a seu ver definidoras do documentário:

> A partir de nossa leitura do documentário, nós podemos e devemos acompanhar Vertov na reunião de seu material; e, em certa medida, em seus métodos de montagem; mas, somos obrigados a divergir dele na interpretação dos temas e na abordagem (...). Reconheço que ele é um mestre na sua técnica, mas tenho que admitir que ele não preenche os

---

[57] Idem: 117.
[58] Ibidem.
[59] Ibidem.

requisitos fundamentais do documentário na interpretação dos problemas colocados pelos seus temas. Ele é profético, ilustrativo, ocasionalmente dramático, mas não é filosófico nem instrutivo.[60]

Certamente, Vertov não se adequava ao tipo de cinema educativo que o griersonismo forjou. Seu projeto transcendia em muito a educação pela via de conteúdos elevados e de formas bem compostas e ritmadas. Tratava-se de uma perspectiva epistemológica, que queria decifrar o mundo, mas também ensinar a ver. No capítulo 9 voltaremos a esta dimensão da obra de Vertov. Por ora, o importante a sublinhar é que se o projeto de uma "cine-língua" contém a marca de um certo idealismo formalista, contém também um raro ímpeto inventivo, associado à determinação de formular as bases de um modo de expressão autenticamente cinematográfico.

Em um contexto marcado pela urgência da construção de uma nova sociedade, Vertov não perdia de vista que os objetivos propagandísticos deviam ser aliados à experimentação de novas formas de expressão: "Acreditamos em nosso dever de fazer não somente filmes de grande consumo, mas também, de tempos em tempos, filmes que produzam filmes".[61] Sua obra, em parte desaparecida, consiste em mais de uma centena de filmes dos mais variados gêneros, formatos e durações. Basta examinar o subtítulo de alguns deles para dar-se conta da diversidade de linhas de trabalho abertas por seu autor: "documentário histórico", "estudo experimental", "crônica judiciária", "filme-viagem", "esboço", "cine-poema lírico", "crônica histórica"...

Dziga Vertov pagou um alto preço pelo radicalismo de suas propostas e pela recusa em dobrar-se aos ditames do realismo socialista. Não assimilado pelos fundadores do documentário clássico, foi relegado ao ostracismo pelas autoridades stalinistas, que passaram a recusar

---

[60] ROTHA, 1936: 95.
[61] "L'Amour Pour l'Homme Vivant" (publicado postumamente, em 1958). Op. cit., 1972: 208.

sistematicamente seus projetos mais ambiciosos. Em 1945, submetido a uma função subalterna na produção de cinejornais sob os quais não tinha a menor autonomia, Vertov registrou em seu diário:

> Temos a tarefa de defender nossa obra. Somos os fundadores do cinema documentário e não devemos ceder nossa anterioridade a ninguém.[62]

Recuperado postumamente, a partir dos anos 1960, Vertov exerceria uma influência decisiva na crítica ao ilusionismo e à mistificação no cinema. Mas, até hoje, seu lugar pioneiro na gênese da idéia do documentário e sua contribuição para a invenção de uma escritura audiovisual ainda não são suficientemente reconhecidos.

---

[62] VERTOV, 1972: 364.

7 Uma Testemunha Discreta

No capítulo 5 vimos que, a partir do final dos anos 1950, novas técnicas e novos métodos de trabalho descortinaram possibilidades inéditas para os documentaristas. A partir deste ponto, para melhor compreensão das conseqüências estéticas daquela renovação tecnológica, vamos comparar as diferentes estratégias retóricas adotadas pelos cineastas. Para tanto, será necessário recorrer a outras categorias.

Análises de documentários costumavam ser empreendidas com os conceitos desenvolvidos pela teoria de cinema, uma disciplina que sempre teve o longa-metragem de ficção como objeto privilegiado. Só nas últimas décadas começaram a surgir estudos voltados mais especificamente para o documentário. De início, pesquisas historiográficas.[1] Em um segundo momento, tomou corpo uma discussão teórica, focada em questões epistemológicas, estéticas, discursivas e éticas. Boa parte destes textos foi formulada dentro da moldura teórica do estruturalismo e não foram poucos os que discordaram da existência de um regime narrativo próprio do documentário.

Esta perspectiva negativa provocou uma reação, que se originou nos departamentos de estudos culturais das universidades norte-americanas e repercutiu em revistas como *Jump Cut*, *Screen*, *Cineaste*, *Women and Film* e *Film Quarterly*. Nas páginas destas publicações apareceram as traduções de Barthes, Metz e Comolli, ao lado dos textos de uma geração

---

[1] Entre outras, BARNOUW, 1974; e BARSAM, 1992.

de teóricos anglo-saxônicos, que embora compartilhassem certos pressupostos da crítica estruturalista, eram movidos por uma concepção afirmativa do domínio do documentário.[2]

Uma das mais importantes contribuições para o desenvolvimento de uma teoria do documentário vem sendo dada por Bill Nichols. Ele parte da premissa de que o documentário não é uma *reprodução*, mas sim uma *representação* de algum aspecto do mundo histórico, do mundo social que todos compartilhamos. Esta representação se desenvolve na forma de um *argumento sobre o mundo*, o que pressupõe uma perspectiva, um ponto de vista, ou seja, uma modalidade de organização do material que o filme apresenta ao espectador. Analisando documentários de diferentes épocas, estilos e cinematografias, Nichols sintetizou quatro modos de representação: o expositivo, o observacional, o interativo e o reflexivo.[3] Vejamos, de forma muito resumida, como cada um deles se caracteriza.

O *modo expositivo* corresponde bem ao documentário clássico, em que um argumento é veiculado por letreiros ou pelo comentário *off*, servindo as imagens de ilustração ou contraponto. Até o início dos anos 1960, a maior parte dos documentários se enquadrava neste modelo canônico, que adota um esquema particular-geral, mostrando imagens exemplares que são conceituadas e generalizadas pelo texto do comentário. O processo de produção é elidido em nome de uma impressão de objetividade.

A expressão mais típica do *modo observacional* foi o cinema direto norte-americano, que procurou comunicar um sentido de acesso imediato

---

[2] Alguns representantes desta crítica são Bill Nichols, Michael Renov, William Guynn, Elizabeth Sussex, Stephen Mamber, Jack Ellis, Brian Winston, Julianne Burton, Philip Rosen, Dai Vaughan, E. Ann Kaplan, Trinh Minh-ha, Julia Lessage e Carl Plantinga.

[3] Esta tipologia partiu de uma diferenciação entre os estilos direto e indireto de comunicação de argumentos em documentários (NICHOLS, 1981). A análise de Nichols possibilitou a Julianne Burton a elaboração de quatro modos do documentário (BURTON, 1990: 3-5). Estes modos foram desenvolvidos em NICHOLS, 1991: 32-75, texto que nos serve aqui de referência. Mais tarde o autor ainda viria a expandir sua classificação, formulando dois novos modos de representação: o poético - que organiza poeticamente fragmentos do mundo - e o performático - que enfatiza questões subjetivas do realizador (NICHOLS, 2001).

ao mundo, situando o espectador na posição de observador ideal; defendeu radicalmente a não-intervenção; suprimiu o roteiro e minimizou a atuação do diretor durante a filmagem; desenvolveu métodos de trabalho que transmitiam a impressão de invisibilidade da equipe técnica; renunciou a qualquer forma de "controle" sobre os eventos que se passavam diante da câmera; privilegiou o plano-seqüência com imagem e som em sincronismo; adotou uma montagem que enfatizava a duração da observação; evitou o comentário, a música *off*, os letreiros e as entrevistas. Nenhuma forma de encenação faz parte dos métodos observacionais, uma vez que estes recusam qualquer preparação prévia ou controle exercido sobre os materiais filmados.

O *modo interativo* enfatiza a intervenção do cineasta, ao invés de procurar suprimi-la. A interação entre a equipe e os "atores sociais" [4] assume o primeiro plano, na forma de interpelação ou depoimento. A montagem articula a continuidade espaço-temporal deste encontro e explicita os pontos de vista em jogo. Ao contrário de um texto impessoal em *off*, a voz do cineasta é dirigida aos próprios participantes da filmagem. A subjetividade do realizador e dos atores sociais é plenamente assumida.

O *modo reflexivo* surgiu como resposta ao ceticismo frente à possibilidade de uma representação objetiva do mundo e procurou explicitar as convenções que regem o processo de representação. Juntamente com o produto, os filmes reflexivos apresentam o produtor e o processo de produção, evidenciando o caráter de artefato do documentário. Ao invés de procurarem transmitir um "julgamento abalizado" que parece emanar de uma agência de saber e autoridade, acionam estratégias de distanciamento crítico do espectador e freqüentemente lançam mão da ironia, da paródia e da sátira.

[4] No lugar da expressão ator nativo, cunhada por Grierson, Bill Nichols usa o termo "ator social". Este último conceito evita as conotações naturalistas do primeiro e aplica-se melhor à atuação frente aos aparelhos de filmagem e gravação.

A classificação proposta por Bill Nichols é coerente com a sua concepção do documentário como uma instituição constituída por práticas variadas e contraditórias, que interagem historicamente. Cada um dos quatro modos de representação tem seus próprios códigos e regras, seus métodos de trabalho, ditames éticos e práticas rituais específicas. No entanto, não se prestam a uma aplicação mecânica e excludente – um documentário pode perfeitamente apresentar características de mais de um modo. Tampouco estão comprometidos com a idéia de sucessão ou evolução – a reflexividade é uma prática antiga; e recursos retóricos típicos do modo expositivo nunca deixaram de ser utilizados. Modos de representação são apenas molduras teóricas generalizantes que podem facilitar a análise comparada de documentários.

Vimos como a conexão Flaherty-Grierson instituiu o documentário clássico. Veremos adiante como, diante das contradições e das limitações deste modelo expositivo, quase simultaneamente surgiram duas modalidades de documentários que, em linhas gerais, correspondem ao cinema direto norte-americano e ao cinema-verdade francês. Evitando uma abordagem minuciosa e descritiva destes movimentos, suas dissidências e as questões específicas que suscitaram, vamos nos concentrar nas estratégias discursivas implícitas em seus modos de representação, denominando-os, respectivamente, observacional e interativo.

Neste capítulo vamos abordar o modelo observacional, através de textos e declarações de críticos e realizadores que assumiram a defesa do cinema direto. O que estamos chamando de cinema direto teve como núcleo principal a produtora Drew Associates, formada em torno do repórter fotográfico Robert Drew e do cinegrafista Richard Leacock.[5]

---

[5] A colaboração entre Drew e Leacock teve início em 1954. A Drew Associates formou-se em 1959 e dissolveu-se em 1963, quando Leacock abandonou a sociedade. Donn Pennebaker e Albert Maysles participaram do grupo por um período mais curto. A Drew Associates era financiada pelo grupo Time-Life e produziu mais de trinta filmes, entre eles: *Primary* (1960), *Yankee No* (1960), *On the Pole* (1961), *Kenya* (1961), *Crisis* (1962) e *The Chair* (1962).

Richard Leacock

Eles não consideravam seus trabalhos documentários, mas "cine-reportagens" ou "jornalismo filmado". Segundo Drew, "documentários em geral, com muito poucas exceções, são falsos, (...) de certo modo eles lembram bonecos".[6] O que tornava os documentários falsos, na visão de Drew e Leacock, não era somente a encenação, prática corrente no jornalismo audiovisual, mas principalmente a interpretação verbal do comentário, a música e os ruídos que costumavam ser acrescentados para dar mais espessura dramática ao filme.

Em nome de um respeito absoluto à autenticidade das situações filmadas, o grupo da Drew Associates adotava o princípio do "som sincrônico integralmente assumido": qualquer acréscimo à imagem e ao som originário da locação era considerado incompatível com a "realidade captada ao vivo". Seu método de filmagem interditava todas as formas de intervenção ou interpelação: "nós não pedimos às pessoas para agir, não lhes dizemos o que devem fazer, não lhes fazemos perguntas".[7] A equipe devia ser reduzida ao mínimo indispensável, os

<hr>

[6] MEKAS, 1961: 17.
[7] Robert Drew, em MARCORELLES, 1963b: 19.

equipamentos adaptados à maior portabilidade e agilidade possíveis: "queríamos suprimir os diretores, a iluminação, as equipes técnicas habituais e tudo o que pudesse alterar a realidade que nós desejamos filmar".[8] Vimos como esta "ética da não-intervenção" fomentou a "teoria do mimetismo" de Mario Ruspoli, para quem "dissimular-se, pertencer à paisagem, confundir-se com a multidão, é uma atitude fundamental do cineasta que procura abordar o real".[9] Richard Leacock sintetizou esta aversão à tentativa de monitorar as situações filmadas no título de um artigo de 1961: "Por um Cinema Não Controlado".[10] Em uma entrevista concedida no mesmo ano, retomou esta idéia:

> Muitos cineastas acham que o objetivo do realizador é ter completo controle. Então, a concepção do que está se passando é limitada pela concepção do cineasta. Nós não queremos impor este limite à realidade. O que está em curso, a ação, não tem limitações, tampouco o significado do que está ocorrendo. O problema do cineasta é antes de tudo um problema de como transmitir o que está em curso.[11]

A tendência observacional substitui a função de "tratamento criativo da realidade" por um objetivismo extremado, tentativa idealista de comunicar "a vida como ela é vivida": "É a vida observada pela câmera e não, como no caso de muitos documentaristas, a vida recriada para a câmera".[12] Esta negação dos métodos interpretativos do documentário clássico se dá paralelamente a uma espécie de retomada da vertente cientificista do cinema das origens. Nos textos dos ideólogos do direto puro são freqüentes os elogios ao registro despojado presente

<hr>

[8] Richard Leacock, idem: 20.
[9] RUSPOLI, 1963: 29. Este mimetismo foi figurado na expressão "a fly on the wall" (uma mosca na parede).
[10] LEACOCK, 1961.
[11] Richard Leacock, em MEKAS, 1961: 15.
[12] REYNOLDS, em JACOBS, 1979: 401.

nas atualidades Lumière.[13] Se voltarmos aos princípios básicos do griersonismo, veremos que a linha divisória entre a "categoria inferior" e os verdadeiros documentários foi traçada exatamente na passagem da mera descrição para os "arranjos, rearranjos e conformação criativa dos materiais naturais". Somente neste ponto o documentário alcançaria as "virtudes comuns de uma arte". Membro destacado do grupo formado por Grierson, Edgar Anstey considerava que seu *Housing Problems*, apesar do pioneirismo no uso de entrevistas em direto, continha a pureza da autenticidade, não a pureza da arte. Fiel à sua formação, Anstey contrapunha-se à tese de que os eventos deveriam auto-interpretar-se e o cineasta proporcionar apenas o canal de comunicação:

> Em um nível bem prático, acho que é possível enganar-se a respeito da natureza de um real resultado documental. A filmagem da realidade ao invés da sua interpretação criativa pode levar à introdução de imagens confusas, sons inaudíveis e durações intermináveis, culminando em um supremo desastre – a quebra da comunicação entre a tela e o público.[14]

Leacock e seus sócios não vislumbravam este tipo de risco. Para eles, a comunicação com o público dependia estritamente de transmitir da forma mais fiel possível a sensação experimentada durante a filmagem. No discurso dos cineastas do direto são raras as considerações sobre questões de natureza formal. A função estética do cinema era

---

[13] Temos aqui dois exemplos fornecidos por destacados representantes do documentário observacional, nos EUA e na Europa: "Se nós voltarmos aos primeiros dias do cinema nós encontraremos uma noção recorrente que nunca foi bem compreendida, que é o desejo de usar aquele aspecto do filme que é especificamente diferente do teatro: registrar aspectos do que de fato aconteceu em uma situação real". LEACOCK, 1961: 25. "As primeiras 'atualidades', os primeiros cine-documentos (...) comprovam o formidável interesse que experimentavam os primeiros cineastas da época do 'mudo' pelo acontecimento na sua realidade". RUSPOLI, 1963: 3.
[14] ANSTEY, 1966: 6.

indisfarçavelmente submetida a uma função epistêmica,[15] o que poderia ser explicado pela origem e pelos objetivos jornalísticos da Drew Associates e de outros grupos de cineastas que visavam primordialmente a veiculação de seus trabalhos na televisão.[16] Nem por isso adotavam uma perspectiva informativa. Tratava-se primordialmente de comunicar uma sensação de presença física, privilegiando a "autenticidade": "Eu não acho que filmes devem proporcionar informação. Filmes devem ser antes de tudo algo de que você não duvide. Você confia naquilo que você vê".[17] De certo modo, substituía-se a legitimação artística do griersonismo por uma legitimação científica: câmera e gravador eram como que comparados a instrumentos de inscrição automática dos resultados de uma observação empírica.

Alguns realizadores pareciam acreditar que este cinema observacional estaria concretizando um sonho antigo: "Documentaristas sempre tiveram o ideal da câmera como um observador imparcial e não incômodo, captando imagens e sons da vida real".[18] O deslumbramento frente ao som sincrônico e à portabilidade dos novos equipamentos sugeriu uma leitura evolucionista do "ideal documentário", como se ele se confundisse com uma busca historicamente contínua e cumulativa visando o registro completo da superfície da realidade. Segundo esta visão, as limitações do equipamento é que teriam sempre induzido os

[15] Jacques Aumont propõe três categorias funcionais para a imagem: simbólica, epistêmica e estética. AUMONT, 1990: 80.

[16] Um exemplo fora dos EUA é o ramo canadense do primeiro cinema direto, denominado *candid eye*, que também desenvolveu-se em estreita vinculação com a demanda da televisão. O realizador Wolf Koening mostra como esta demanda repercutiu entre os cineastas locais: "Nós achamos que esta era a oportunidade pela qual esperávamos. Havia um público e havia um orçamento(...). Eis o que nós queríamos fazer: captar a vida como ela é, sem roteiro e sem firulas; captar o som na locação, sem montagem muito elaborada; fazer filmes que de certo modo produzissem emoções, risos e lágrimas, de preferência tudo isso ao mesmo tempo; mostrar estes filmes na televisão para milhões de pessoas e mudar o mundo, fazendo-as ver que a vida é verdadeira, bela e cheia de sentido". Citado por MARCORELLES, 1973: 67.

[17] Donn Pennebaker, em MEKAS, 1961: 20.

[18] REYNOLDS. Em JACOBS, 1979: 403.

cineastas a encenações, relatos verbais e artifícios de montagem; cada progresso técnico corresponderia a uma "captação" quantitativamente mais significativa do "real", um passo a mais no preenchimento de uma carência fundamental.

Como sabemos, nem Flaherty nem Grierson tinham pontos de contato com este objetivismo: a contribuição de ambos estava justamente em acentuar o caráter interpretativo do trabalho do cineasta. Tampouco Vertov encarava as "imagens e sons da vida real" como um material de valor documental intrínseco, mas como peças de um processo de permanente interpretação através da montagem. Em sua concepção redentora do avanço técnico, os ideólogos do cinema direto promoveram uma releitura teleológica da tradição documentária, segundo o critério de "transparência frente ao real", reservando para si próprios o umbral entre a culminância de um longo processo histórico de procura e o início de uma nova era:

> Se outros cineastas seguirem o exemplo de Leacock, é inteiramente possível que surja toda uma nova tradição do documentário: a tradição de "ir de encontro à realidade do país" de um modo mais íntimo, interessante e humanamente importante do que qualquer Grierson imaginou.[19]

A retórica dos cineastas do direto puro e da parcela da crítica que aderiu a seus princípios expressava um movimento ao mesmo tempo de ruptura e de continuidade com a tradição documentária – de ruptura com os aspectos interpretativos do documentário clássico e de continuidade com uma ideologia documental que remonta às origens do cinematógrafo. Guardadas as proporções históricas, há muitas semelhanças entre a devoção ao real promovida por este direto sacralizado e a apologia que o pensamento positivista do final do século

<hr>

[19] CALLENBACH, 1961: 40.

XIX fazia às imagens autênticas da natureza e do mundo veiculadas pelo modelo Lumière, traduzindo-se num "fetichismo do documento filmado".[20]

O fundamento daquele fetichismo era o caráter supostamente evidencial da imagem fotoquímica, decorrente de seu processo mecânico de produção, por oposição ao processo manual que caracteriza a imagem pictórica tradicional. A fotografia foi recebida por muitos como "um espelho de cujo testemunho material ninguém poderia suspeitar".[21] Ou, como disse Oliver Wendell Holmes, "um espelho dotado de memória".[22] Para o bem ou para o mal, a clivagem arte *vs.* técnica marcou os discursos sobre a fotografia praticamente desde o seu surgimento. Já o projeto de lei que propunha ao governo francês a aquisição da patente de Daguerre, em julho de 1839, baseava sua exposição de motivos no argumento de que o processo fotográfico era o mais recente instrumento capaz de prestar um inestimável serviço à ciência, ao lado do termômetro, do barômetro, do telescópio e do microscópio.[23] Por seu lado, ao invés de exaltar as virtudes da fotografia, Baudelaire apontava os riscos que ela implicava para a arte e propunha que sua contribuição fosse limitada a uma mera função técnica de reprodução:

> Quando se permite que a fotografia substitua algumas das funções da arte, corre-se o risco de que ela logo a supere ou corrompa por inteiro graças à aliança natural que ela encontrará na idiotice da multidão. É portanto necessário que ela volte a seu verdadeiro dever, que é o de servir às ciências e às artes, mas de maneira bem humilde, como a tipografia e a estenografia, que não criaram nem substituíram a literatura.[24]

---

[20] BURCH, 1987: 69.

[21] Édouard Charton, apresentando a seus futuros leitores *Le Tour du Monde*, em 30 de junho de 1860. Citado por GAUTHIER, 1987: 31.

[22] Citado por WILLIAMS, 1993: 9.

[23] Sobre a concepção da fotografia e do cinema enquanto instrumento científico, ver WINSTON, 1993.

[24] "Le Public Moderne et la Fotografia". Em *Salon de 1859*, citado por DUBOIS, 1994: 29.

Segundo Dubois, "a aversão de Baudelaire à corrente realista e naturalista e à ideologia cientificista ascendente guia, é evidente, seu ponto de vista".[25] O temor de uma corrupção da arte pela fotografia se baseava no sucesso desta corrente realista e naturalista junto ao público – para Baudelaire, um sintoma da "idiotice da multidão". Realismo, naturalismo e cientificismo confluíam para um estuário positivista em que a única forma válida de conhecimento era aquela que se baseava nos fatos e a experiência era o critério absoluto da verdade. Naquele contexto, a imagem "automática" produzida pela câmera fotográfica se afirmava como uma imagem decalcada sobre a própria natureza e, para muitos, portadora de uma "verdade dos fatos". Equiparada aos demais dispositivos de inscrição a serviço do método experimental da ciência moderna, a câmera fotográfica não seria um recurso para a interpretação do mundo, mas um instrumento de seu registro objetivo. Esta concepção cientificista do processo fotográfico estava, por certo, inserida em uma tradição ocidental do ver e da visão que remonta há séculos e que conheceu um momento de esplendor no Renascimento. Tal hegemonia do visível foi realimentada pelo advento de dispositivos de registro mecânico como a fotografia e o cinema.

Com semelhante rigor normativo, os cineastas da Drew Associates, muitas décadas mais tarde, se inscreveriam nesta tradição que queria reduzir a realidade à visibilidade. Eis, por exemplo, como Mario Ruspoli dá início a seu relatório sobre as novas técnicas de filmagem: "O desejo de 'apreender' pela imagem a realidade tal como ela se oferece ao olhar remonta à origem do cinema".[26] A disponibilidade de aparelhos leves, capazes de registrar imagem e som em sincronismo, fomentou, junto a esta tendência do cinema direto, uma espécie de ilusão realista, que consistia em reduzir a

<hr>

[25] Idem: 30.
[26] RUSPOLI, 1963: 3.

realidade a suas aparências sensíveis.[27] Para melhor "captar a realidade pela imagem", seus adeptos embarcaram na utopia da neutralização completa da equipe técnica, que resultou em um comportamento servil diante dos eventos: nenhuma intervenção, pura observação. No limite do seu idealismo, esta postura queria fazer do olhar uma extensão material dos fenômenos, a ponto de uma anulação do próprio olhar e, por conseguinte, de uma anulação do cinema. Ou, como expressou Louis Marcorelles em uma fórmula paroxística: de uma "osmose entre o real e o filme".[28] O realizador e ensaísta Jean-Claude Bringuier formulou, de modo muito acurado, o idealismo implícito nesta postura:

> Sem iluminação, sem tripé, a câmera de Leacock é uma bazuca. Do mesmo modo que um fuzil é o prolongamento mortal de um olho, ela é o prolongamento de um olhar. O ideal, como se vê, é o desaparecimento mesmo da câmera, do olhar, sua ausência. Se as coisas pudessem existir sozinhas, fazer-se olhar sozinhas, sem que ninguém as visse, seria perfeito. No fundo, é o ideal de uma testemunha: apagar-se, deixar-se absorver na coisa que se apresenta. Todo testemunho é um holocausto. Eu acredito que o sonho de Leacock e daqueles que trabalham como ele é um cinema sem cinema, um puro olhar sem suporte.[29]

A denominação *living camera*, que o grupo de Leacock recebeu nos primeiros anos, conota uma concepção da câmera como substituta da percepção humana na abordagem empírica do mundo. O termo *candid eye*, adotado pelo ramo canadense do direto, também é sugestivo desta

---

[27] Eis uma alusão expressa de Leacock neste sentido: "O que é isto que nós, cineastas, estamos fazendo, então? O mais próximo que eu posso chegar de uma definição precisa é que o filme pronto - filmado e montado pelo próprio cineasta - é um aspecto da percepção do cineasta do que aconteceu. Assumindo que ele não faça direção. Sem interferência. Falando de modo informal, nossos filmes *são* o público. Um público registrado". BLUE, em JACOBS, 1979: 406.

[28] MARCORELLES, 1963c: 17.

[29] BRINGUIER, 1963: 15.

ênfase em um olhar inocente, depurado, traduzindo o sonho de anular a distância entre percepção e imagem.

Mas um filme é feito de imagens sonoras e visuais, "enquadramentos seletivos que resultam na tela em blocos de imagens retangulares".[30] A própria estrutura da imagem cinematográfica supõe fatores irredutíveis, como a escolha entre o que mostrar ou não, a organização daquilo que é mostrado, a sua duração e a ordenação dos planos entre si. A transparência da realidade no cinema é uma falácia. A imagem cinematográfica é essencialmente trucada, um artefato por natureza, nunca o reflexo transparente do real. Aliás, é a própria noção de *real* que deve ter seus pressupostos ideológicos examinados – "o fato deste conceito [real] existir há séculos não deve mascarar sua falta de universalidade".[31]

O processo de produção de imagens cinematográficas implica necessariamente em inscrever nestas imagens uma subjetividade. A tentativa idealista de reprodução absolutamente neutra e objetiva da percepção ocular normal não pode suprimir esta subjetividade inelutável, mas pode mascará-la por trás de convenções estilísticas naturalistas. A "teoria do mimetismo" de Ruspoli e as regras de Leacock para se alcançar "um cinema não-controlado" afinal conduzem a um "estilo grau zero", que produz no espectador uma ilusão: "o espectador acredita não que o que vê é o real propriamente, mas que o que vê existiu, ou pôde existir, no real".[32]

Quais os traços materiais deste estilo? Edgar Anstey, algumas páginas atrás, referiu-se pejorativamente a eles, ao aludir a um som inaudível e a planos-seqüência intermináveis.[33] O jornalismo televisual nos dá mostras abundantes destes traços: câmera tremida, ruídos do

[30] BONITZER, 1986: 20.
[31] AUMONT, 1990: 210.
[32] Idem: 111.
[33] ANSTEY, 1966: 6.

ambiente misturados às vozes, iluminação irregular, imagem granulada, cortes bruscos – marcas de uma imagem que tenta "naturalizar-se", ou seja, produzir uma sensação de natureza como garantia de verdade, logo, como forma de legitimação. Este estilo grau zero é a característica aparente mais pregnante do modo observacional. Característica hoje tão assimilada quanto codificada, até banalizada, mas que no momento de seu surgimento revestiu-se de um caráter quase místico de acesso a um "real" puro:

> Há uma ambiência, uma fisionomia da imagem em direto que servem de certo modo como álibi à emoção e que, de acidentes que são, transformam-se para o telespectador a um só tempo em prova e essência da imagem em direto. Em resumo, é um estado de espírito, uma devoção.[34]

O que esta sacralização do real visível não reconhecia era o fato de que os cenários do real não são brutos como um mineral, mas já organizados por relações sociais que o visível não é capaz de apreender. O modo observacional levado às últimas conseqüências, na sua utopia da duplicação perceptiva, sobrevalorizando a visibilidade e recusando a intervenção do cineasta por considerá-la impura, por vezes impedia a compreensão daquilo que mostrava. Ater-se à pura analogia visual é renunciar ao agenciamento das matérias de expressão do cinema de modo a tornar visível aquilo que escapa à visão.

Esta era uma das idéias fortes de Vertov, o objetivo visado por seu método: partir do registro de imagens sonoras e visuais da realidade para articulá-las em combinações audiovisuais complexas dotadas de um sentido próprio. Temos aqui uma diferença fundamental que separa Vertov dos partidários do cinema direto e que mostra como é questionável a reivindicação de seu nome como um precursor desta

---

[34] BRINGUIER, 1963: 14.

tendência. Em certos excessos retóricos, Vertov podia atribuir à câmera poderes extraordinários, mas a linha mestra de seu método era a relação entre a filmagem de improviso e a produção de sentido através da montagem.

> Não a filmagem de improviso pela filmagem de improviso, mas para mostrar as pessoas sem máscara, para captá-las através do olho da câmera em um momento em que elas não representam, para ler com o aparelho de filmagem seus pensamentos nus. O Cinema-Olho como a possibilidade de tornar visível o invisível, límpido o suave, evidente o que está escondido, manifesto o que está mascarado. De substituir o encenado pelo não-encenado, o falsificado pela verdade, pelo Cinema-Verdade. Mas não basta mostrar na tela fragmentos de verdades isoladas, imagens de verdades separadas. É preciso ainda organizar tematicamente estas imagens, de modo que a verdade resulte do conjunto.[35]

Uma função propriamente epistêmica do cinema, como a de Vertov, não pode limitar-se a reproduzir fragmentos de aparências sensíveis e nada tem a ver com a "captação" de supostos sentidos imanentes. Ao contrário, deve traduzir-se em um investimento ativo na produção deste sentido, através da criação de recursos formais. Este processo não pode se desenvolver no quadro de uma "concepção evangelista da 'revelação do real autêntico' por uma câmera contemplativa".[36] Para "tornar visível o invisível", o cineasta deve abdicar da utopia de um reflexo especular do "real" e assumir o seu papel mediador. Estamos, então, na fronteira entre dois modos de representação do mundo.

[35] VERTOV, "Comment Cela a-t-il Commencé?". Em SADOUL, 1971: 141-143.
[36] MARIE, em COLLET, 1976: 83.

8 Verdade e Imaginação

Se nos Estados Unidos foram jornalistas interessados em agilizar os métodos de trabalho da reportagem que desenvolveram as técnicas do cinema direto, na França os equipamentos leves e sincrônicos foram primeiro adotados por cineastas com uma formação acadêmica no campo da sociologia e da etnologia. Defrontados cotidianamente com as implicações da observação participante, sabiam que "sempre que uma câmera é ligada, uma privacidade é violada".[1] Violação que colocava problemas éticos e implicava riscos para o realizador, mas que abria um novo horizonte de possibilidades de comunicação no campo do cinema. Se a neutralidade da câmera e do gravador era uma falácia, para que tentar dissimulá-los? Por que não utilizá-los como instrumentos de produção dos próprios eventos, como meio de provocar situações reveladoras? Em resposta a estas questões instaurou-se uma tendência radicalmente distinta do direto norte-americano no uso do grupo sincrônico leve.

Jean Rouch foi um representante destacado desta tendência. Seu filme *Chronique d'un Été* (*Crônica de um Verão*, 1960), realizado conjuntamente com Edgar Morin, pode ser considerado o protótipo de uma nova configuração do documentário: o modo interativo de representação.

---

[1] A frase é de Rouch (*Le Monde*, 16 set. 1971), que na seguinte declaração a Marcorelles esclarece sua posição frente ao mito da "objetividade científica": "eu me considero ao mesmo tempo como cineasta e etnólogo. Eu acho que a etnologia é poesia. Não acredito muito nas ciências humanas, como já disse várias vezes. Afinal de contas, as ciências humanas são algo de terrivelmente subjetivo". *L'Avant Scène*, nº 123, 1972.

Neste filme, o "som direto integralmente assumido" engendrou conseqüências inteiramente distintas daquelas verificadas no modo observacional. Aqui é a palavra que predomina, através da conjugação de diferentes estratégias: monólogos, diálogos, entrevistas dos realizadores com os atores sociais, discussões coletivas envolvendo a crítica aos trechos já filmados e, por fim, autocrítica dos próprios realizadores diante da câmera. *Chronique d'un Été* foi uma tentativa de colocar em prática os conceitos desenvolvidos por Morin em seu artigo "Pour un Nouveau Cinéma-Vérité",[2] publicado alguns meses antes. Na abertura do filme, sobre imagens de populares circulando nas ruas de Paris, ouvimos a voz *off* de Jean Rouch: "Este filme não foi representado por atores, mas vivido pelos homens e mulheres que dedicaram momentos de suas vidas a uma experiência nova de cinema-verdade".[3]

O artigo de Morin e a reprodução de seu título no cartaz de *Chronique d'un Été* recolocaram em circulação o termo "cinema-verdade", que logo se transformou na designação global dos movimentos que empregavam os novos métodos de filmagem com equipamentos portáteis. A partir de 1963, esta expressão passou a ser substituída por "cinema direto", proposta por Mario Ruspoli e considerada mais neutra.[4] Atualmente, alguns autores ainda consideram os dois termos sinônimos; enquanto outros os utilizam para denominar movimentos inteiramente distintos. Eric Barnouw resumiu, a nosso ver de forma bastante precisa, a distinção entre as duas tendências:

> O documentarista do cinema direto levava sua câmera para uma situação de tensão e torcia por uma crise; a versão de Rouch do cinema-verdade tentava precipitar uma. O artista do cinema direto aspirava à

---

[2] *France-Observateur*, 14 jan. 1960.

[3] ROUCH e MORIN, 1962: 53.

[4] O próprio Rouch assumiu esta designação menos polêmica: "Mario Ruspoli (...) encontra então a melhor fórmula: 'cinema direto', o cinema em tomada direta sobre a realidade". ROUCH, 1989: 178.

invisibilidade; o artista do cinema-verdade de Rouch era freqüentemente um participante assumido. O artista do cinema direto desempenhava o papel de um observador neutro; o artista do cinema-verdade assumia o de provocador.[5]

Estas diferenças tornaram-se absolutamente nítidas durante o encontro de três dias organizado paralelamente ao MIPE-TV (Mercado Internacional de Programas e Equipamentos de Televisão) de março de 1963, em Lyon, França, reunindo cineastas, críticos e especialistas de vários países. Segundo Marcorelles, "um clima de doce loucura reinava durante aquelas sessões, no entanto respeitáveis, cada um falando por si, Leacock não compreendendo Rouch nem Rouch, Leacock".[6]

Jean-Claude Bringuier referiu-se ao sentimento "de uma barreira intransponível entre Leacock e nós, um muro nos separando radicalmente".[7] Para os franceses, o cinema que os norte-americanos exibiram em Lyon "desconfia das palavras, das opiniões, dos julgamentos (...) como daquilo que vem contaminar um real que é preciso manter em sua pureza original".[8] Por outro lado, "Leacock se insurgiu de imediato contra a escola francesa, prisioneira do verbo, ignorando a espontaneidade do real, forçando as pessoas a representarem diante da câmera".[9]

Marcorelles, um dos mais ardorosos defensores do direto na Europa, via por trás desta polêmica um fenômeno "civilizacional":

[5] BARNOUW, 1974: 254. As coisas se complicaram a partir do momento em que a expressão "estilo vérité" passou a ser usada pelos norte-americanos para se designar um formato híbrido: "Vérité é um estilo ersatz desenvolvido pela televisão em ambos os lados do Atlântico, uma forma bastarda que reduz o rigor da prática do cinema direto a um amálgama de filmagem em som direto com câmera na mão e luz disponível, juntamente com elementos anteriores. Filmes (e vídeos) vérité contêm material em estilo-cinema-direto, mas também podem usar comentário, entrevistas, gráficos, reconstrução e todo o repertório do documentário realista". WINSTON, 1995: 210.
[6] MARCORELLES, 1963d: 27.
[7] Idem: 28.
[8] BRINGUIER, 1963: 15.
[9] MARCORELLES, 1963d: 27.

temperamento anglo-saxônico *vs.* temperamento latino.[10] E via, também, reflexos daquilo que considerava o principal problema do cinema moderno: "onde começa e onde acaba a linguagem falada?".[11] Leacock, como sabemos, considerava fundamental o registro "da forma como as pessoas se comunicam, ou seja, falando". Mas, a fala aí era considerada como uma dimensão da espontaneidade humana, fala dos atores sociais entre si. De modo algum a fala que responde a indagações feitas pelo cineasta: "quando você entrevista alguém ele sempre lhe fala aquilo que quer que você saiba sobre ele".[12] Robert Drew pensava de modo semelhante: "no essencial, a lógica verbal, a entrevista, não basta".[13] O cinema de Drew e Leacock era um registro das *ações* que traduziriam o "real". No pólo oposto, em Lyon, estava o realizador italiano Gian-Vittorio Baldi, para quem "ação são os sentimentos do homem, é o que aparece no seu rosto, são as idéias que ele enuncia".[14] Edgar Morin foi ainda mais explícito, ao referir-se a *Chronique d'un Été*:

> O ato, afinal, é a palavra; o ato se traduz através dos diálogos, das discussões, conversas, etc. O que me interessa não é o documentário que mostra as aparências, é uma intervenção ativa para ir além das aparências e extrair delas a verdade escondida ou adormecida.[15]

A expressão "intervenção ativa" define o essencial do modo interativo de representação, em que a presença do realizador é potencializada, ao invés de dissimulada. Morin e Rouch tornavam-se personagens

---

[10] Estas duas posturas não podem ser explicadas tão simplesmente por diferenças culturais. Tanto assim que o cinema observacional encontrou inúmeros representantes nos países latinos europeus, entre eles Mario Ruspoli e Raymond Depardon. Reciprocamente, o modo interativo repercutiu bastante nos EUA, sobretudo na televisão.

[11] MARCORELLES, 1963d: 28.

[12] LEACOCK, citado por MARCORELLES, 1973: 55.

[13] MARCORELLES, 1963b: 27.

[14] Citado por MARCORELLES, 1973: 28.

[15] ROUCH e MORIN, 1962: 29-30.

*Rouch e o fotógrafo
canadense Michel
Brault, durante as
filmagens de*
Chronique d'un Été.

do próprio filme, interagindo com os demais atores sociais, procurando extrair revelações e "verdades ocultas". "Nós saímos do mistério, nós nos mostramos, presentes, falíveis, homens entre os outros; e provocamos o espectador para nos julgar como seres humanos".[16] Se a preocupação suprema de Leacock residia em minimizar a sua participação na filmagem visando melhor "comunicar a sensação de estar ali",[17] para Rouch e Morin a questão era bem outra. Sua presença transformava-se na própria força dinâmica do filme: "não há um fosso entre um lado e o outro da câmera, mas circulação e trocas".[18] Morin invertia os termos da equação de Leacock. Não se tratava de evitar intervir, para que a "verdade dos eventos" fosse preservada; tratava-se de fazer da intervenção a condição de possibilidade da revelação, pela palavra, daquilo que estivesse latente, contido ou secreto.

Chronique d'un Été foi concebido como "uma experiência de interrogação cinematográfica", sem encenações e não limitada a entrevistas. A intenção era chegar a um "sociodrama", no qual cada participante fosse estimulado a desempenhar sua própria vida diante da

[16] Idem: 37.
[17] MEKAS, 1961: 16.
[18] ROUCH e MORIN, 1962: 9.

câmera – "um jogo com valor de verdade psicanalítico".[19] O percurso do filme mostraria que, do mesmo modo como a imagem não pode captar verdades objetivas imanentes, tampouco havia verdades interiores latentes a serem verbalizadas. Não que a interação com os personagens provocasse necessariamente respostas falsas, como temia Leacock. A própria vida social é que era concebida como um conjunto de rituais, uma espécie de teatro cujos papéis incorporamos ao nosso cotidiano. O conteúdo da vida subjetiva emerge através de um processo que revela ocultando e oculta revelando. Em *Chronique d'un Été*, Rouch e Morin se defrontaram com uma dialética do verdadeiro e do falso que abriu perspectivas inusitadas para o documentário em som direto.

> Agora eu percebo que se nós chegamos a algo foi em colocar o problema da verdade. Nós quisemos fugir da comédia, do espetáculo, para entrar em tomada direta com a vida. Mas a própria vida também é comédia, espetáculo. Melhor (ou pior): cada um só pode se exprimir através de uma máscara e a máscara, como na tragédia grega, dissimula ao mesmo tempo em que revela, amplifica. Ao longo dos diálogos, cada um pode ser ao mesmo tempo mais verdadeiro que na vida cotidiana e, ao mesmo tempo, mais falso.[20]

Em uma seqüência, Marceline, judia, ex-prisioneira em um campo de concentração, vaga pelas ruas de Paris com um gravador a tiracolo e um microfone de lapela – método que Rouch inaugura neste ato. Ela é acompanhada à distância pela câmera e suas palavras são uma evocação saudosa e dramática do pai, de quem a deportação a separou irremediavelmente. Durante o debate que se seguiu à projeção para os participantes do filme em vias de se fazer, surge a questão: verdade ou encenação? As respostas de Marceline, no debate e no questionário

---

[19] Idem: 8.
[20] Idem: 41.

respondido pelos "atores", são ambíguas. Verdade, porque eram lembranças íntimas de situações vividas, ditas com sentimento. Mas, esta verdade decorria de uma encenação:

> Eu me coloquei em situação, no drama, eu escolhi um personagem que eu interpretei na medida das possibilidades do filme, um personagem que é ao mesmo tempo um aspecto de uma realidade de Marceline e também um personagem dramatizado criado por Marceline.[21]

A própria performance de Marceline, como ela veio a confessar, decorreu da impressão que lhe causara uma seqüência já rodada com outra participante do filme.[22] Marceline reconheceu não só ter atuado como uma atriz, mas que esta atuação refletia uma rivalidade. Mais do que isto: que sua atuação foi concebida em função do efeito que poderia ter na tela. Cinema e vida, passado e presente, realidade e imaginação, fatos reais e encenação – aspectos inextricáveis no processo de interação em que as máscaras se sobrepõem. Certos críticos, em busca de uma estrita

Gravador a tiracolo, Marceline caminha pelas ruas de Paris e tem um diálogo imaginário com o pai desaparecido.

---

[21] Marceline, em resposta ao questionário distribuído pelos realizadores aos participantes do filme. Idem: 165.

[22] "Eu confesso ter sido muito influenciada por uma seqüência de Mary-Lou que eu vi nos copiões. Foi neste instante que eu mudei de registro, que eu teatralizei minha interpretação. Sozinha, era difícil para mim fazer uma coisa que não fosse o drama. Eu sabia que dramatizando isto passaria na tela." Citada por SADOUL, 1971: 127.

espontaneidade, logo perguntaram, por vezes com ironia, onde estava "a verdade do cinema-verdade?" Não percebiam que, ao explorar intuitivamente a interpenetração entre os papéis que os atores representavam, os papéis que acreditavam representar e os papéis que os outros os viam representando, *Chronique d'un Été* tornava-se um filme sobre a relação de fecundação mútua entre documentário e ficção.

Ao se colocar disponível para uma experiência desta natureza – querer-se filmado, saber-se filmado, atuar diante da câmera sem um plano preestabelecido, liberar a memória e a imaginação – cada um dos "atores" embarcava efetivamente na aventura do cinema direto. Uma aventura impensável antes do advento dos equipamentos portáteis e sincrônicos. Por outro lado, uma aventura que o cinema direto observacional de Drew e Leacock não podia proporcionar.

Tentando resumir suas diferenças para com Rouch, Drew disse que "a coisa mais importante que parece ter acontecido com as pessoas que ele [Rouch] escolheu filmar é o fato de tê-las filmado".[23] A afirmação tinha um tom de escândalo, porque seu método era, neste sentido, diametralmente oposto – o fosso existente entre um lado e outro da câmera negava o contato e impedia qualquer transformação. Autores e personagens não eram contaminados pela filmagem, dela saíam ilesos. Os participantes de *Chronique d'un Été*, ao contrário, dão mostras de ter vivido uma "singular metamorfose",[24] sendo feitos pelo filme na medida em que o faziam. Provocada por Morin, Mary-Lou atinge visível comoção; Marceline procura reviver dramaticamente seu passado; a participação nas filmagens leva Angelo a ser remanejado de seção na fábrica onde trabalha; Morin e Rouch reformulam incessantemente suas concepções, na medida em que o projeto evolui.

Nada disso seria possível no modo observacional puro, em que uma invisibilidade utópica era perseguida em nome da pureza do

---

[23] MARCORELLES, 1963b: 26.
[24] ROUCH, 1989: 181.

documento. Mas, como mostrou lucidamente Comolli, "quer-se respeitar o documento, mas não se pode evitar fabricá-lo. Ele não preexiste à reportagem, mas é o seu produto".[25] Sim, porque filmar um evento é produzir uma realidade fílmica até então inexistente, que necessariamente transforma a matéria bruta registrada. Esta inexorável intervenção produtiva não pode deixar tranqüila a realidade dos fatos, mas lhe acrescenta – ou subtrai – algo.

Ao contrário de um testemunho mecânico dos acontecimentos, o documento é sempre o produto de um processo de manipulação, envolvendo a cada passo um leque de alternativas metodológicas e técnicas, que afinal são opções estéticas. Em sua fobia à manipulação, o direto observacional subjuga estas opções a um ditame moral, ou antes, a um mero problema prático.[26] Este respeito ideal ao documento, esta falta de audácia, traduz-se, no dizer de Comolli, em "subemprego (...) das possibilidades e paradoxos do cinema direto; negligência do *princípio de perversão* que está na base do direto, sua própria natureza".[27]

Ao contrário, o cinema interativo de Rouch e Morin assume esta função produtiva como inevitavelmente constitutiva do documento. Mais do que isso, procura fazer dela o motor do próprio filme: "as pessoas, talvez porque haja uma câmera ali, criam algo diferente; e o fazem espontaneamente".[28] Ao criá-lo, não só criam o filme como criam uma dimensão de si mesmos que não poderia existir sem o filme, dimensão a um só tempo real e imaginária. Através de monólogos, diálogos e discussões coletivas, reagindo a provocações mútuas, em movimentos

---

[25] COMOLLI, 1969, parte I: 48.

[26] Em um exemplo ilustrativo deste "pragmatismo" do direto, Leacock justifica o uso de um único plano-seqüência ao invés de várias imagens, em uma cena em que o prefeito de Aberdeen discursa, em *Happy Mother's Day* (1965): "se eu tivesse editado aquele discurso inserindo planos de reação do público, ninguém acreditaria que aquele era o seu discurso. Não é um problema moral, *é um problema prático*". BLUE, em JACOBS, 1979: 410 (Grifo nosso).

[27] COMOLLI, 1969, parte I: 48 (Grifo nosso).

[28] Rouch, sobre *La Punition*, realizado pouco depois de *Chronique d'un Été*, citado por MARCORELLES, 1973: 89.

de atração e rejeição, crítica e autocrítica, os participantes de *Chronique d'un Été* deixam transpirar em suas palavras e atos um certo "coeficiente de irrealidade" que confere ao documento uma aura de ficção.

> E pode-se dizer, indo ao cúmulo do paradoxo do direto, que este só começa a valer enquanto tal a partir do momento em que se abre na reportagem a brecha por onde se precipita a ficção, por onde também se trai – ou se confessa – a mentira fundamental que preside a reportagem: que no próprio seio da não-intervenção reina a manipulação.[29]

Esta brecha por onde penetra a ficção apenas se esboça em *Chronique d'un Été*. Aliás, se nos referimos reiteradamente a este filme, é pelo lugar fundamental que ele ocupa na gênese do modo interativo, ao mesmo tempo em que proporciona aberturas para a sua própria transformação. Mas o germe destas aberturas já se encontrava nos filmes anteriores de Rouch e perpassou toda a sua obra. Rouch chegou ao cinema pela via da etnologia. A câmera, e depois o gravador, vieram somar-se ao caderno de notas, como instrumentos da pesquisa etnográfica. A trajetória de Rouch, de uma antropologia tradicional a uma "antropologia compartilhada",[30] faz analogia com a sua trajetória cinematográfica, entre o documentário expositivo e o modo interativo, irradiando em modalidades diversas e dificilmente classificáveis. Vejamos, em linhas muito gerais, como esta evolução se deu.

Rouch iniciou suas pesquisas de campo em 1941, no Níger e no Senegal. Seus primeiros filmes, realizados a partir de 1947, são documentários clássicos sobre os costumes tribais na África do norte: montagem de imagens acompanhadas do comentário do autor em voz *off*. O método

---

[29] COMOLLI, 1969, p. I: 49.

[30] Nas palavras do próprio Rouch: "um novo método de pesquisa que consiste em compartilhar com as pessoas que, de outro modo, não passariam de objetos da pesquisa. Nós fazemos delas sujeitos!". Durante um debate na Unesco. *CinémAction*, 12, 1980: 57.

de trabalho é devedor a Flaherty: na primeira fase da pesquisa, extenso convívio do etnógrafo com o grupo estudado; na segunda, os atores nativos reconstituem para a câmera situações de suas vidas cotidianas.

Se Flaherty já dava provas, nos anos 1920, de perceber empiricamente as limitações de uma pretensa observação imparcial, a formação acadêmica e o trabalho de campo de Rouch o levam a compreender de forma ainda mais aguda a solidariedade estrutural que o observador e o observado mantêm entre si. Ao dar conseqüência prática a esta solidariedade, Rouch passa a compartilhar a criação e a realização de seus filmes com aqueles que antes eram apenas objetos de pesquisa. Simultaneamente a esta abertura à participação, Rouch começa a interessar-se pela ficção como um instrumento de compreensão da realidade. O filme que marca esta transição é *Jaguar*, iniciado em 1954 e somente concluído em 1971.

> Quando eu fiz o filme eu não tinha nenhuma idéia! Eu tinha sobretudo a vontade de contar uma história e, já, de sair um pouco do documentário para fazer ficção. Eu conhecia muito bem meus três heróis (...) e lhes tinha proposto inventar uma história, inventá-la na medida em que a filmássemos (...) e nós inventamos juntos seus diferentes episódios (...) todo o filme é pura ficção, nenhum desses personagens nunca foi na vida o que ele é na história: é ficção, mas ficção em que as pessoas desempenham seus próprios papéis numa situação dada: a de pessoas que vão tentar ganhar dinheiro na Costa do Ouro.[31]

Como enquadrar este depoimento de Rouch nos modelos precedentes de documentário e de ficção? Em *Jaguar* não há reconstituição para a câmera de uma situação previamente vivida, como no método Flaherty. Tampouco havia registro de acontecimentos

---

[31] ROUCH, 1967: 18.

independentes da vontade do autor, como fizera Vertov e como Leacock viria a fazer. A situação era inventada por Rouch e seus atores, mas perfeitamente plausível: uma viagem à Costa do Ouro (atual Gana), para conseguir dinheiro, e a volta a Níger. Mas não se tratava de uma repetição do método soviético ou neo-realista de utilizar atores não-profissionais para conferir maior realismo a uma história fictícia.

Os personagens de Jaguar, *um filme de fronteiras.*

Apesar de Rouch se referir a uma "pura ficção", as filmagens foram precedidas de um simples itinerário e do esboço de situações banais, o que não configurava um enredo: "eu introduzia as pessoas em uma situação, a câmera era o pretexto, e o resto corria solto, acontecia um pouco qualquer coisa..."[32] *Jaguar* tornava evanescentes as fronteiras entre documentário e ficção; criava um tipo de filme que não se enquadrava em nenhuma das categorias então conhecidas. Seus participantes colocaram-se no papel de migrantes e documentaram sua migração. Uma história simultaneamente inventada, vivida e filmada – daí Rouch formular o paradoxo de uma *pura ficção* em que as pessoas vivem *seu próprio papel*. "Entrava-se em um domínio que não era a

[32] Ibidem.

realidade, mas a provocação da realidade, que revelava essa realidade".[33]

O "princípio de perversão" do direto agia de forma a *produzir realidade*, ao invés de tentar recriá-la ou representá-la. Em *Jaguar*, a função produtiva do cinema direto atua em sentido oposto a *Chronique d'un Été*: se no devaneio de Marceline o documento como que transparece ficção, no itinerário do Níger à Costa do Ouro é a ficção que se materializa em documento. É claro que estamos nos referindo a um "estado de espírito" do direto, que antecede o cinema direto no sentido técnico – uma miragem em 1954, quando as câmeras eram ruidosas e os gravadores magnéticos eram pesados e não funcionavam em sincronismo com a imagem.

A sonorização de *Jaguar* foi feita posteriormente às filmagens, através de um método de criação *compartilhada*: ao assistirem às imagens editadas, os participantes da viagem gravaram o comentário espontâneo sobre suas aventuras. Ao fazê-lo, reinterpretaram verbalmente seus personagens, acrescentando-lhes uma nova camada narrativa carregada de imaginação, que potencializava as imagens, atirando desta vez o documento para o lado da ficção.[34] Rouch subvertia assim duplamente a função do comentário no modo expositivo. Primeiro, ao ceder a palavra aos atores nativos. Segundo, ao estimular uma improvisação verbal, que levava os personagens a transitar permanentemente entre a reflexão sobre o que viveram e a fantasia que seus papéis lhes facultavam. Ficção engendrando documento, documento engendrando ficção.

A experiência iniciada em *Jaguar* prossegue em *Moi un Noir* (1958), com uma espécie de documentação da vida cotidiana de um grupo de jovens pobres, habitantes de Treichville, subúrbio de Abidjan, Costa do Marfim.

---

[33] Ibidem.

[34] O filme possuiu diversas versões. A primeira, com 2h30min. de duração, tinha comentário de Rouch. Em 1957, os participantes gravaram seu comentário ao assistirem três projeções. Dez anos depois, nova gravação de comentário, utilizando o mesmo método, completou o material sonoro que deu origem à versão comercial de 1h31min. Em 1971 Rouch lançou uma versão de 1h50min.

Mas o que o filme nos dá deste cotidiano já está de tal modo carregado de fantasia que a palavra documentar torna-se imprecisa. Para começar, os personagens moldam suas identidades com elementos extraídos dos meios de comunicação de massa, notadamente o cinema. Ao viverem "suas próprias vidas" diante da câmera, eles não só adotam nomes fictícios – Edward G. Robinson, Tarzan, Dorothy Lamour e Lemmy-Caution-l'Agent-Fédéral-Américain – mas também vivem ações alternadamente reais e fictícias.

Robinson assistiu às imagens editadas e simultaneamente gravou suas impressões, que se transformaram em um componente fundamental da trilha sonora do filme. Ele apresenta ao espectador seus companheiros e comenta a aventura da luta diária pela sobrevivência, mas o faz de modo espontâneo, impregnando o relato de devaneios, misturando fatos e desejos, verdades e mentiras, que se tornam indiscerníveis para o espectador. E de que serviria discernir, se todos estes elementos díspares fazem parte da "verdade" de Robinson – a verdade situada de sua identidade de negro colonizado participando de um filme?

> É o único meio [a ficção] de penetrar uma realidade. Os meios da sociologia permanecem exteriores. Em *Moi un Noir*, eu queria mostrar uma cidade africana, Abidjan. Eu poderia ter feito um documentário repleto de estatísticas e de observações objetivas. Teria sido chatíssimo. Bem, eu contei uma história com personagens, suas aventuras, seus sonhos. E não hesitei em introduzir a dimensão do imaginário, do irreal. Um personagem sonha que boxeia. Nós o vemos boxear.[35]

Em *Moi un Noir* não só os fatos estão impregnados de sua interpretação, é todo o filme que se confunde com seu próprio processo de interpretação, através do relato de Robinson. Interpretação que não é uma reflexão lógica sobre os fatos vividos, mas uma fabulação em que o real e o imaginário se alteram permanentemente. Em certos momentos

---

[35] Rouch, em *Télérama*, nº 872, citado por MARSOLAIS, 1974: 176.

Rouch e "Robinson",
o protagonista de
Moi un Noir.

do comentário, a defasagem entre as condições de vida dos personagens – negros, pobres e colonizados – e suas aspirações e fantasias produz revelações patéticas e comoventes.

Uma delas é a seqüência passada no porto, em que os nomes das cidades do mundo inscritos na popa dos navios ancorados transformam-se em pretexto para Robinson vangloriar-se de ter estado em Hamburgo, Oslo e La Rochelle, dizer conhecer todos os lugares e ter possuído todas as mulheres. A dialética imagem/comentário nos dá acesso a fragmentos de fatos cotidianos dos habitantes de Treichville mesclados a suas opiniões e seus sonhos. Uma tal realidade não poderia estar latente nas esquinas de Abidjan à espera de que uma câmera as revelasse visualmente, "de improviso". Ela foi produzida pelo filme e só no filme pode ter lugar. É um fato fílmico por excelência, composto tanto do factual quanto do imaginário, como dimensões tornadas indissolúveis.

Em 1967, Rouch confessou que este era um de seus filmes preferidos, concernente a uma das coisas que mais o tocavam no mundo: "a ficção mais extravagante e mais desgrenhada que é, afinal, a pintura mais real de uma realidade dada".[36]

<hr>

[36] ROUCH, 1967: 18.

Com seu filme seguinte, *La Pyramide Humaine* (1959), Rouch deu mais um passo no sentido de um "documentário ficcional". Ele queria fazer um filme sobre o racismo em uma escola de Abidjan, mas ali o racismo estava apenas latente, adolescentes brancos e negros pareciam simplesmente se desconhecer uns aos outros. Rouch então propôs a um grupo de jovens a realização de um psicodrama[37] filmado: eles deveriam entrar em relação, comportar-se como se não se ignorassem, deixar aflorar as contradições latentes. Uma realidade produzida a partir

Alunos brancos e negros vivem um psicodrama que torna explícitas as questões raciais em La Pyramide Humaine.

de uma hipótese fictícia, mas inteiramente plausível, cada participante devendo atuar de modo mais parecido à sua própria personalidade. Nesta espécie de jogo da verdade, a câmera não funcionou como elemento inibidor ou obstáculo à expressão. Ao contrário, ela foi "a testemunha indispensável que motivou esta expressão".[38] Mas uma experiência de

[37] Marcel Martin resume a teoria do sociodrama ou psicodrama de Jacob Levy Moreno: "fazendo os indivíduos desempenharem deliberadamente o papel que eles poderiam e deveriam assumir na sociedade e que eles se confessam incapazes de cumprir por razões psicopatológicas, pode-se levá-los a tomar consciência de seus complexos e superá-los". "L'Expérience Fascinante de *La Pyramide Humaine*", *Cinéma 60*, n° 51; agora em PREDAL, 1981: 123.

[38] ROUCH, Jean. "La Pyramide Humaine". *Cahiers du Cinéma*, n° 112, 1960, citado por MARSOLAIS, 1974: 266.

tal modo fundada na comunicação oral e na improvisação coletiva ainda não poderia se desenvolver plenamente, na falta dos equipamentos adequados – silenciosos e sincrônicos.[39] Durante a realização de seu filme seguinte, *Chronique d'un Été,* Rouch finalmente disporia deste instrumental.

Colocado em perspectiva na obra de Rouch, torna-se claro que *Chronique d'un Été* não inaugurou o recurso à ficção, mas, ao contrário, representou neste sentido uma atenuação. Tampouco inaugurou a interação com os atores,[40] apenas deu-lhe novas características. Rouch agora se deixava ver em interação, aparecia na imagem em contato com os demais participantes do filme.[41] O que *Chronique d'un Été* inaugurou, no trabalho de Rouch, foi o uso direto da palavra, possibilitando as longas conversações em grupo, as enquetes de rua e os monólogos espontâneos, como o de Marceline divagando solitária. A palavra não estava mais exilada da filmagem, devendo esperar a etapa de sonorização para vir juntar-se às imagens. Este emprego direto da palavra é o que nos permite considerar *Chronique d'un Été* um protótipo do modo interativo.

Através da palavra falada em som direto, o documentário pode ir além do registro factual, rememorar o passado dos personagens, especular seu futuro e abrir-se à fantasia. A autoridade da voz autoral, que o modo expositivo concentra no comentário em *off,* como uma "voz de Deus" incorpórea, é substituída pelas vozes dos participantes do filme em interação uns com os outros. E as opiniões podem então se potencializar reciprocamente. No modo interativo o cineasta dispõe de

---

[39] Os diálogos de *La Pyramide Humaine* foram filmados em tripé com uma Cameflex envolvida por um blimp, volumoso dispositivo de atenuação de ruído. WINSTON, 1995: 182.

[40] Esta é mais uma evidência de que não foi o advento do grupo cinematográfico sincrônico leve que possibilitou o modo interativo – ou seja, evidência de que não existe relação causal entre técnica e expressão. No caso de Rouch deu-se exatamente o inverso: foi a necessidade de encontrar os meios mais adequados ao aprofundamento de suas experiências de criação compartilhada que o induziu a pesquisar no domínio da técnica.

[41] A participação visível de Rouch e Morin, evidenciando para o espectador o processo de realização do filme, já é um sintoma do modo reflexivo, que abordaremos adiante.

novos recursos para recusar o papel de agenciador oculto de imagens sonoras e visuais, podendo exibir-se como um ser humano implicado: "eles nos entregam todas as condições da experiência. O observador torna-se observado".[42]

Mas é preciso ressalvar que a participação direta do cineasta, audível e visível por todos – uma "mosca na sopa",[43] ao invés de uma "mosca na parede" – não representa automaticamente uma mediação entre os acontecimentos que se passam diante da câmera e a trama de significações em que o filme vai se constituir. A presença do cineasta pode, ao contrário, estar renovando as convenções que visam naturalizar o artifício fílmico. Assim se dá com as reportagens em que as vozes dos entrevistados, ou dos "especialistas" convocados a dar depoimento, são utilizadas na montagem de um discurso de autoria dúbia, no qual os pontos de vista se refratam e o autor, muito embora visível, oculta seu papel manipulador.

As "condições da experiência" podem estar sendo exibidas como suposta garantia de verdade da reportagem, "querendo nos fazer crer que o que nós vemos é evidência – evidência de um documentarista fazendo um documentário".[44] A palavra falada dos atores sociais se transforma em uma chancela de autenticidade. Então, aquele "princípio de perversão" do direto se anula e o modo interativo se vê destituído do potencial produtivo que a palavra direta pode lhe conferir.

No caso de Rouch, o que se busca não é a representação analógica de uma realidade prévia ao filme, mas a produção da própria realidade fílmica. Esta produção implica um processo de metamorfose a que todos os participantes são chamados a se submeter – aí incluídos seus autores e, potencialmente, seus espectadores. Em *Jaguar*, a viagem do Níger à Costa do Ouro é o acontecimento-filme singular e irredutível. Em *Moi*

---

[42] HOVEYDA, 1961: 37.
[43] BREITROSE, 1986: 47.
[44] WINSTON, em RENOV, 1993: 53.

un Noir, Robinson é o personagem que se reinventa através de uma "fabulação compensadora". Em *La Pyramide Humaine*, o racismo apenas latente é suscitado pelo psicodrama. Em *Chronique d'un Été*, relações humanas são criadas e transformadas pelo filme e para o filme. A palavra falada é o principal elemento propulsor de todos estes processos produtivos, através dos quais o mundo não é tomado como modelo do filme e, por conseguinte, o filme não se pretende espelho do mundo.

9 Antiilusionismo e Auto-Reflexividade

No contexto politizado e radicalizado que se seguiu aos conflitos de maio de 1968, a França foi palco de um debate em que as convenções do ilusionismo cinematográfico foram questionadas. O foco da crítica era o modo de representação hollywoodiano, com suas regras de continuidade e montagem transparente, destinadas a envolver o espectador na ilusão de um espaço-tempo orgânico. Contra a história que parece contar-se sozinha, era proposto o discurso que exibe suas marcas e deixa transparecer as funções sociais e materiais em que se baseia.[1]

Uma das vertentes da discussão era a crítica desconstrutiva, que desmistificava o conceito de *criação* e promovia, em contrapartida, a concepção do filme enquanto *trabalho produtivo*. Se o cinema-espetáculo oculta o trabalho de produção de significados, é preciso responder com "um cinema que traga em si a marca do processo de produção, ao invés de tentar apagar os traços que o denunciam como objeto trabalhado e como discurso que tem por trás uma fonte produtora e seus interesses".[2]

Boa parte desta crítica está datada, comprometida pela conjuntura em que o debate transcorreu. O que nos interessa nela é a proposta de abordar o filme como produto, remetendo a uma instância produtora e desnudando seu processo de produção. No campo do documentário,

---

[1] As principais tribunas deste debate foram as revistas *Cahiers de Cinéma* e *Cinéthique*. Seus principais lances foram recuperados por Ismael Xavier (1984a: 123-138).

[2] Idem: 134.

esta abordagem nos remete ao cerne do quarto modo de representação formulado por Nichols: o auto-reflexivo, representado pelos filmes cujo aspecto principal não é o mundo representado, mas o próprio processo de representação.

> Estes documentários auto-reflexivos misturam trechos observacionais, letreiros, entrevistas e comentários em voz *off*, tornando explícito aquilo que tem sempre estado implícito: documentários sempre foram formas de representação, nunca janelas transparentes para a "realidade"; o cineasta sempre foi um participante-testemunha e um ativo fabricante de significados, um produtor de discurso cinematográfico e não um repórter neutro e onisciente da verdade das coisas.[3]

O modo reflexivo assimila os recursos retóricos desenvolvidos ao longo da história do documentário e produz uma inflexão deles sobre si mesmos, problematizando suas limitações. Não satisfeito em simplesmente expor um argumento sobre seu objeto, o cineasta passa a engajar-se em um metacomentário sobre os mecanismos que dão forma a este argumento. No lugar de uma ênfase absoluta sobre os personagens e fatos do mundo histórico, o próprio filme afirma-se como fato no domínio da linguagem.

Suspender o véu da ilusão não é um procedimento novo nas artes, embora tenha tardado bastante a tornar-se prática corrente no domínio do documentário. Desde a Antigüidade, essa tensão entre ilusionismo e reflexividade tem alimentado as mais diversas formas de arte, marcadas por narrativas em abismo, paródias de outros textos e encenações dentro de encenações.

Em seu estudo sobre o tema, Robert Stam refere-se ao uso da paródia por Aristófanes, Horácio e Ovídio, examina o caso clássico de

---

[3] NICHOLS, 1983, em ROSENTHAL, 1988: 48-63.

Don Quixote e comenta a relação entre a representação realista e o artifício reflexivo em várias peças de Shakespeare.[4] Nas artes plásticas, a reflexividade é evidente na tradição do auto-retrato, mas há exemplos mais ardilosos em Jan van Eyck (*O Casal Arnolfini*, 1434) e Velásquez (*As Meninas*, 1656), em que o artista vale-se de espelhos para rebater planos e brincar com os artifícios da representação. "Enquanto a arte ilusionista procura causar a impressão de uma coerência espaço-temporal, a arte antiilusionista procura ressaltar as brechas, os furos e as ligaduras do tecido narrativo".[5] Sua estratégia privilegiada é a descontinuidade, que com o Modernismo vai ganhar um caráter programático. A hostilidade do Modernismo com a história e a narrativa épica traduziu-se na substituição dos narradores oniscientes pelos narradores problemáticos e na substituição do mundo burguês unitário e pleno de sentido por um mundo fragmentado, distorcido e contraditório. O ataque modernista às continuidades artificiais da obra de arte será empreendido com as mais diversas armas:

> a subversão das categorias espaço-temporais; o rompimento da narrativa linear; a utilização da incongruência e da dissociação; a reabilitação de certos tabus, a agressão deliberada contra o espectador e suas expectativas; a revelação dos segredos profissionais do ilusionismo e, finalmente, a recusa em contar histórias verossímeis.[6]

Stam identifica três modos de manifestação da arte antiilusionista, conforme a natureza de suas fontes de estímulo. O estímulo *lúdico* faz o artista tirar a própria máscara pelo prazer de brincar com os códigos do espetáculo; a contestação, quando existe, é meramente formal. O estímulo *agressivo* leva o artista a uma atitude de confronto com o público,

[4] STAM, 1981.
[5] Idem: 22.
[6] Idem: 114.

a arte deixa de ser a celebração do belo para tornar-se a cena do escândalo. O estímulo *didático*, por fim, leva o artista a desmistificar o espetáculo, visando proporcionar ao espectador um nível mais elevado de consciência crítica frente à arte e à História. Três modos que não são excludentes, mas dimensões da auto-reflexividade que ganham relevância diferenciada em cada autor e em cada obra. Se o estímulo lúdico tem antecedentes mais longínquos, a agressão e o didatismo correspondem a impulsos que se afirmam a partir da Idade Moderna: "o romance reflexivo era essencialmente lúdico em sua relação com o leitor e o modernismo, essencialmente agressivo. Já o teatro de Brecht era lúdico, agressivo e didático".[7]

A auto-reflexividade acompanha o cinema de ficção desde seus primeiros tempos, pela via lúdica da comédia. Um dos filmes da série *Uncle Josh*, realizada por Porter em 1902 para o catálogo Edison, mostra a ida de um caipira ao cinema e as trapalhadas provocadas por sua

[7] Idem: 23.

Em As Meninas
Velázquez se faz representar
em auto-retrato, enquanto os
soberanos aparecem em um
espelho, na parede de fundo.

confusão entre representação e realidade: assusta-se com a imagem de um trem que parece avançar sobre ele, quer abraçar uma bailarina, tenta apartar dois lutadores e acaba derrubando a tela e saindo aos tapas com o projecionista.[8] Seguindo esta trilha, Mack Sennett, Charles Chaplin, Max Linder e Buster Keaton brindaram as platéias do cinema silencioso com inumeráveis filmes em que o próprio cinema é a fonte inspiradora de uma paródia ou diretamente o tema da comédia, através de personagens envolvidos em filmagens.

São abundantes os exemplos de metafilmes, nos quais a própria indústria cinematográfica fornece a ambiência da trama, freqüentemente satisfazendo uma visão dos bastidores e contribuindo para galvanizar ainda mais o sistema de mitos e estrelas, com raros casos desmistificadores.[9]

[8] BURCH, 1987: 129.

[9] Alguns exemplos clássicos são *Sunset Boulevard* (Billy Wilder, 1950), *A Star is Born* (George Cukor, 1953), *Singing in the Rain* (Stanley Donen e Gene Kelly, 1952) e *Nuit Américaine* (François Truffaut, 1973). Em um registro mais crítico, *L'État des Choses* (Wim Wenders, 1982) e *Le Mépris*

É no cinema moderno, especialmente com Godard, que a auto-reflexividade atinge plenamente uma dimensão que, sem deixar de ser lúdica, torna-se também agressiva e didática.

Um clássico do metafilme é *The Cameraman,* de 1928, em que Buster Keaton faz o papel de um fotógrafo de rua que compra uma câmera de filmagem para transformar-se em cinegrafista de atualidades, não hesitando em interferir nos fatos para torná-los mais sensacionais - ao filmar uma festa pública, provoca explosões no meio da multidão; durante uma briga, entrega uma faca a um lutador desarmado para que sua filmagem resulte mais empolgante. Suas *gags* são enriquecidas pelos efeitos de câmera que vai descobrindo: sobreposição de imagens, movimento acelerado e invertido.

O precursor mais radical de um antiilusionismo desmistificador e didático vem a ser um outro filme, coincidentemente realizado naquele mesmo ano, mas totalmente diferente em concepção e objetivo: *O Homem da Câmera,* de Dziga Vertov. Neste, os fatos não são falsificados nem os truques estão a serviço do humor. Ao contrário, os efeitos técnicos funcionam como um instrumento de conscientização do espectador sobre os sortilégios do cinema-espetáculo.

A definição de um tema para este filme já é problemática: vemos imagens de uma grande cidade soviética e acompanhamos as atividades de seus habitantes; ao mesmo tempo, vemos estas atividades sendo filmadas e trabalhadas na sala de montagem; por fim, vemos uma platéia assistindo o filme que está em vias de se fazer. Sucessivas camadas, que produzem uma narrativa abissal, distanciando-nos do plano factual dos acontecimentos registrados para exibir o processo de *construção do fato-*

(Jean-Luc Godard, 1963). No cinema brasileiro, alguns exemplos de longas-metragens que se impõem são, na ficção, *Ladrões de Cinema* (Fernando Coni Campos, 1977), *A Dama do Cine Shangai* (Guilherme de Almeida Prado, 1987) e *Louco Por Cinema* (André Luis Oliveira, 1994); no documentário, *Cabra Marcado Para Morrer* (Eduardo Coutinho, 1985). Uma estética pós-moderna tem feito do cinema o objeto nostálgico de filmes de gênero híbrido, como *Ed Wood* (Tim Burton, 1994); nesta linha, desde meados da década de 1980, são inumeráveis os exemplos nos filmes brasileiros de curta-metragem.

fílmico. Ao desdobrar as telas, com a projeção dentro da projeção, *O Homem da Câmera* separa o espaço da cena do espaço da sala, interpondo entre eles o filme como mediação. E o filme, neste caso, é um processo que se desvela pedagogicamente.

O caráter documental da imagem é redimensionado – o documento serve de matéria-prima para um processo transparente de manipulação estética, as condições de fabricação vão sendo expostas na medida em que se consumam. A imagem se metamorfoseia incessantemente, assumindo configurações imprevistas: imagens que reaparecem sendo enquadradas pelo homem da câmera, sendo montadas, sendo projetadas e sendo assistidas pela platéia; aparição intercalada em forma de tira de celulóide, fotograma recortado, bobina, feixe de luz na sala escura e projeção luminosa no visor da mesa de montagem ou na tela do cinema; movimento lento, acelerado, variado, retroativo e congelado; imagens sobrepostas, divididas, multiplicadas, refletidas, dissolventes, animadas, aberrantes e tornadas ilegíveis pelo enquadramento aproximado, pelo movimento de câmera, pela velocidade de filmagem e pelas cintilações, efeitos estroboscópicos e fusões obtidas na edição e no laboratório.

Tantos recursos não são exibidos como um mostruário de possibilidades técnicas e expressivas, mas como plataforma de formulação de uma cine-escritura, que se baseia na inter-relação entre a percepção humana e o processo cinematográfico. Ou, para usar termos vertovianos, entre os eventos percebidos pela "visão imperfeita do homem" e sua reconstrução significante através do "cinema-olho". Os letreiros de abertura do filme estabelecem, desde logo, seus objetivos: "Este trabalho experimental foi feito com a intenção de criar uma linguagem básica verdadeiramente internacional de cinema na base de sua total separação da linguagem do teatro e da literatura".[10]

---

[10] Sexta cartela de abertura, antecedendo os nomes da equipe de três membros: Vertov (editor supervisor do experimento), Kaufman (diretor de fotografia) e Svilova (co-editora). Os nove letreiros de abertura do filme são reproduzidos em PETRIC, 1987: 202.

Tratava-se de liberar os espectadores do modo convencional de ver cinema, emancipá-los da passividade inculcada "pelos cine-dramas romanceados e teatralizados". Sem recorrer a um único entretítulo, este último filme silencioso de Vertov representa o refinamento de suas experiências em comunicação com meios puramente visuais e, segundo seu autor, foi lançado em um momento de "crise dos meios de expressão do cinema" enquanto filme com "um *objetivo especial*, fechar uma fenda no setor da cine-linguagem".[11] É um filme teórico e programático,[12] um daqueles "filmes que produzem filmes". Mais do que em qualquer outro, nele se articulam os princípios do "cinema-olho" e do "cinema-verdade".

Como sabemos, a necessidade de educar as massas era um dos pressupostos básicos de Vertov, e o cinema, um meio privilegiado para o desempenho desta tarefa. Futuristas, formalistas e construtivistas entendiam que a dimensão narrativa de uma obra não podia ser dissociada dos significados que decorriam de seus aspectos estilísticos, formais e estruturais.[13] Neste sentido, artistas de vanguarda comprometidos com a educação político-ideológica das massas para o socialismo, como Vertov, consideravam esta prática inseparável da educação estética, através da criação de estruturas formais refinadas que estimulassem um processo ativo de decifração.

Para combater a assimilação passiva de conteúdos, a vanguarda soviética recorreu freqüentemente à auto-referencialidade das obras de arte como um meio de chamar a atenção para as estruturas de linguagem.

---

[11] "Réponse à des Questions". Em VERTOV, 1972: 148 (Grifo do autor).

[12] O próprio Vertov afirmou que "*O Homem da Câmera* não é somente uma realização prática, é ao mesmo tempo uma manifestação teórica na tela". "L'Homme à la Caméra". Em VERTOV, 1972: 118.

[13] Estas três tendências da vanguarda russa tinham pontos de convergência e divergência. Cada uma delas, por sua vez, apresentava diversas sub-tendências e nuances. De modo geral, os formalistas eram menos engajados politicamente, mais concentrados nos aspectos formais e nas pesquisas lingüísticas. Todos compartilhavam a fascinação pela tecnologia e a rejeição ao realismo socialista.

Conceitos como *ostranenie* (tornar estranho) e *zatrudnenie* (tornar difícil), criados pelo formalista russo Viktor Shklovsky, integravam-se à estratégia de motivar o leitor ou espectador a procurar significados diferentes daqueles que são proporcionados pela percepção convencional do mundo.[14] Outro princípio formalista que visava atenuar a ilusão referencial consistia em "exibir o artifício", ou seja, desvendar os mecanismos através dos quais a arte constrói esteticamente o seu objeto.

O Homem da Câmera opera com todos estes conceitos, especialmente com o último deles. Provoca no espectador uma sensação de estranhamento, ao editar imagens fora de uma lógica narrativa linear e fora de um *continuum* espaço-temporal. Produz um conflito entre a ilusão de realidade proporcionada pelas imagens analógicas e a freqüente exibição dos artifícios, tecnologias e métodos cinematográficos que tornam a ilusão possível. Exige do espectador um trabalho intelectual permanente e intenso para a criação de significados que não são fornecidos de forma unívoca.

> Em *O Homem da Câmera*, não é o objetivo que é destacado, mas o meio; e isto é inteiramente evidente porque o filme tinha, entre outras, a tarefa de apresentar os meios em lugar de dissimulá-los como de hábito nos demais filmes. Porque um dos objetivos do filme era o de dar a conhecer a gramática dos meios cinematográficos.[15]

O Homem da Câmera pode ser considerado como uma demonstração das relações complexas entre a percepção humana e as virtualidades do "cinema-olho", em desafio permanente à noção de espaço-tempo que estrutura a narrativa tradicional. Mas, o uso sistemático de técnicas que alteram a exibição "normal" da imagem cinematográfica

[14] PETRIC, 1987, cap.1. Como referência, cita EAGLE, Herbert. *Russian Formalist Theory*. Ann Arbor: University of Michigan Press, 1981

[15] "L'Amour Pour l'Homme Vivant". Em VERTOV, 1972: 208.

O Homem da Câmera *exibe seus artifícios e convoca o espectador a participar da construção de significados.*

não está a serviço de um exibicionismo formalista, como foi considerado pela maior parte dos contemporâneos de Vertov.[16] Tampouco a negação da narrativa linear praticada neste filme pode ser atribuída a uma lógica onírica ou confundida com a "escrita automática" do surrealismo, transposta para o cinema por setores da vanguarda francesa.[17]

Em *O Homem da Câmera*, a técnica é sempre usada em relação direta com os aspectos temáticos, que se sobrepõem e se inter-relacionam ao longo do filme: a velha e a nova sociedade, diferenças de classe, tecnologia e progresso social, arte e trabalho, esfera pública e esfera privada, cinema de entretenimento e "cinema-verdade". Recursos de câmera, de laboratório e principalmente de montagem contribuem para

[16] Por exemplo, Eisenstein considera que Vertov usou a câmera lenta "simplesmente para distrações formalistas e desvios de câmera imotivados". "Fora de Quadro", (1929). Em EISENSTEIN, 1990: 45. A afirmação tinha uma dimensão política especialmente relevante, em um contexto em que as tendências artísticas "formalistas" eram estigmatizadas pelas autoridades soviéticas.

[17] *Un Chien Andalou* (Luis Buñuel e Salvador Dali), realizado no mesmo ano que *O Homem da Câmera*, impõe-se como paradigma de um cinema surrealista, em que as metáforas visuais (já na primeira seqüência, uma nuvem passando diante da lua é comparada a uma navalha cortando o olho de uma mulher) resistem a explicações lógicas convencionais.

criar contrastes, metáforas visuais e recontextualização de cenas familiares, provocando estranhamento e dificultando deliberadamente uma interpretação unívoca. Todo o filme é permeado de montagens paralelas, que convidam o espectador a refletir sobre o vínculo ideológico entre os eventos relacionados na tela: o cinegrafista, a montadora e o projecionista comparados aos demais trabalhadores; os hábitos burgueses e o modo de vida proletário; os ritmos metropolitanos e as atividades humanas.

Outra técnica privilegiada por Vertov e Svilova é a da montagem disruptiva-associativa,[18] em que uma imagem aparentemente incongruente é inserida em uma seqüência, antecipando um tema, estabelecendo uma ligação com algum conteúdo anterior ou simplesmente estabelecendo uma relação metafórica com aquilo que está sendo mostrado. O espectador é então motivado a reagir a esta perturbação, desencadeando processos mentais associativos capazes de criar novas ligações lógicas. Ao invés de alimentar a contemplação passiva de uma história que parece contar-se por si própria, o filme impõe-se como discurso construído e reconstruído pelo espectador através de um processo intenso de intelecção baseado no distanciamento crítico.

A seqüência final, na qual o plano próximo dos olhos da montadora pontua uma montagem acelerada de planos vistos anteriormente (178

18 PETRIC, 1987: 95-107.

cortes em pouco mais de um minuto de projeção), exacerba quase ao limite da abstração o processo de transformação do registro documental dos fatos em estrutura formal significante, constituindo-se em um dos pontos altos da aplicação cinematográfica dos conceitos formalistas e construtivistas.

> A variedade de experiências perceptivas em *O Homem da Câmera* é resumida no final, que aponta para as várias naturezas de imagens projetadas, para os diferentes métodos de subverter a ilusão de realidade na tela, para o aspecto técnico da criação cinematográfica *antes, durante* e *depois* da filmagem e para os múltiplos níveis de interpretação visual inerentes ao processo cinematográfico.[19]

O Homem da Câmera é um ponto de inflexão fundamental na obra de Vertov, provavelmente o filme que torna mais patente a sua concepção cinematográfica, segundo o qual a filmagem de improviso é a condição imprescindível de autenticidade das células do cinema-olho. Condição necessária, porém não suficiente para atingir os objetivos maiores de um cinema-verdade. É preciso ir além da "vida como ela aparece" em cada plano, construindo, através de técnicas especificamente cinematográficas, a "matemática superior dos fatos",[20] as relações complexas capazes de mostrar "a vida como ela é", tornando visível o invisível. Mais do que isto, é fundamental que este percurso seja vivenciado ativamente pelo espectador, tornado consciente dos artifícios de linguagem que estruturam o processo de conhecimento. Na obra de

---

[19] Idem: 112 (Grifos do autor).

[20] Vertov afirmou que *O Homem da Câmera* "não é senão a soma dos fatos fixados sobre a película ou, se quiser, não só a soma, mas também o produto, a 'matemática superior' dos fatos. Cada termo e cada fator é um pequeno documento particular. A montagem de uns documentos com os outros é calculada de modo que, por um lado, só resultem no filme encadeamentos visuais; por outro lado, que os encadeamentos não peçam letreiros; e, em terceiro lugar, enfim, de modo que a soma geral dos encadeamentos se apresente como um todo orgânico indissolúvel". "L'Homme à la Caméra". Em VERTOV, 1972: 118.

Vertov, o filme nunca é o reflexo do mundo, mas a sua representação, re-construção significante, pretexto para um exercício de cine-escritura que praticamente se confunde com uma pedagogia visual. Um projeto essencialmente antirealista e antiilusionista, que não se limita a significar o mundo, quer também *aprender* e ao mesmo tempo *ensinar* a ver, pesquisando juntamente com o espectador os meios de conhecimento e de "decifração comunista do mundo". Daí o caráter epistemológico do projeto vertoviano, apontado por Annette Michelson:

> Indo além de uma simples exposição de técnicas fílmicas, Vertov abandonou o didatismo pela maiêutica, tornando visível a causalidade (...) Quando assistimos *O Homem da Câmera* nós devemos ver, neste olho refletido pela objetiva da câmera, Vertov delimitando, pela subversão sistemática das certezas da ilusão, um certo patamar no desenvolvimento da consciência. "Tornando a incerteza mais certa", ele convida a câmera a atingir a idade da razão, fazendo no mesmo golpe, por um amplo movimento cartesiano, o homem da câmera passar da magia à epistemologia.[21]

Vertov não somente foi um pioneiro na pesquisa sistemática de uma "sintaxe" cinematográfica especificamente documentária, como também imprimiu a esta pesquisa um caráter antiilusionista e epistemológico, que demoraria mais de trinta anos para ser reconhecido. Por sua noção de prática cinematográfica como trabalho produtivo (o cineasta como operário) e pela concepção de um cinema que desvenda seu próprio processo de fabricação, Vertov tornou-se uma das figuras centrais da crítica desconstrutiva que, no final da década de 1960, questionou o modelo narrativo clássico. Esta recuperação tardia de Vertov havia começado alguns anos antes, com a retomada das teses do cinema-olho e a apropriação do termo cinema-verdade por Jean Rouch e Edgar Morin.

[21] MICHELSON, em NOGUEZ, 1978: 310.

Mas, naquele momento, Vertov era celebrado principalmente por sua antevisão de um equipamento leve e sincrônico para filmagem fora dos estúdios. O trabalho prático e teórico de Vertov no âmbito da auto-referência e da auto-reflexividade constitui um marco histórico fundamental no domínio do documentário. E ainda está por ser devidamente assimilado.

De um modo geral, o antiilusionismo nunca foi uma tendência predominante no cinema. E as estratégias modernistas de distanciamento crítico foram mais combatidas do que toleradas pela instituição. Em um contexto de plena afirmação da modernidade, o cinematógrafo surgiu no final do século XIX como uma forma de representação que trazia de nascença a marca da fragmentação e da descontinuidade. Seus recortes inusitados de imagens familiares, seus saltos no tempo e suas montagens espaciais continham um forte potencial de rompimento com as categorias artísticas tradicionais. Um potencial que o cinema desde o primeiro momento desprezou, ao inserir-se como atração subalterna no teatro de variedades. E que viria a desprezar muito mais, ao mimetizar-se com o romance realista e com o teatro naturalista, para afinal transformar-se em espetáculo industrial de massa. Os setores que resistiram a este processo de domesticação foram rotulados de "vanguarda" e considerados uma dissidência marginal do tronco hegemônico – o cinema clássico ilusionista. O chamado cinema moderno, que se desenvolveu no pós-Guerra, afinal recuperou a mais autêntica vocação modernista do cinema. Mas o que continua predominando em escala planetária é o cinema-espetáculo, "catalisador das aspirações miméticas abandonadas pelas demais artes".[22]

O documentário é um domínio do cinema onde, historicamente, esta negligência à vocação modernista manifestou-se com especial intensidade. A atitude dúbia do artista auto-reflexivo, que se compraz em criar a ilusão para no momento seguinte destruí-la, raramente foi

[22] STAM, 1981: 24.

considerada compatível com o discurso sóbrio acerca do mundo que caracterizou a tradição do documentário. No modo observacional, em que o ideal do cineasta era transformar-se em "uma mosca na parede", chamar a atenção para a presença da equipe era exatamente o oposto do que se pretendia e só poderia ser considerado um desvio narcisista.

No modo interativo, o antiilusionismo se manifesta de forma colateral, apesar da contribuição inaugural de *Chronique d'un Été*. Um dos fatores que marcou a novidade radical deste filme foi a liberdade com que os equipamentos de filmagem e os membros da equipe eram exibidos. A permanente revelação dos produtores e a exposição do processo de produção culminam na reavaliação crítica dos copiões por parte dos personagens e na seqüência final, quando Rouch e Morin discutem o filme em vias de se fazer. Fundava-se ali a tendência de deslocar o documentarista dos bastidores para a superfície do filme, substituindo a voz *off* incorpórea por um corpo humano visível que interage com os atores sociais.

Como sabemos, a televisão transformou este recurso no dispositivo privilegiado da reportagem, garantia da "verdade", marca da presença do repórter na "cena viva" dos acontecimentos da atualidade. A mistificação do "documento autêntico" pelo telejornalismo tornou cada vez mais evidente a insuficiência da exibição das "condições da experiência"[23] para se atingir uma dimensão verdadeiramente crítica do documentário. Tanto quanto na ficção, mostrar os aparelhos com que se faz o filme ou permitir que o realizador seja visto podem se transformar em marcas de estilo como outras quaisquer, conservando ou mesmo reforçando um modo de representação baseado no ilusionismo.

A auto-reflexividade que caracteriza certos filmes documentários recentes constitui uma busca de alternativas às insuficiências e às limitações identificadas nos diversos modos de representação em lidar criticamente com o ilusionismo cinematográfico. No plano cultural

23 HOVEYDA, 1961: 37.

mais geral, está vinculada a uma demanda de conhecimento público daquilo que está por trás das aparências na esfera de consumo de bens simbólicos.

> Em um nível mais profundo, nós estamos nos afastando da noção positivista de que o sentido reside no mundo e os seres humanos devem se esforçar para descobrir a realidade inerente e objetivamente verdadeira das coisas. Esta filosofia positivista levou muitos cientistas sociais, bem como documentaristas e jornalistas, a esconderem-se e a esconder seus métodos a pretexto de objetividade (...). Nós estamos começando a reconhecer que o ser humano constrói e impõe sentido ao mundo. Nós criamos a ordem. Não a descobrimos. Nós organizamos uma realidade que é significante para nós. É em torno destas organizações da realidade que cineastas constróem filmes.[24]

Muito embora as premissas positivistas há mais de um século não prevaleçam no campo científico e filosófico, as palavras de Ruby se adéquam perfeitamente ao domínio do documentário. Pois, como já vimos, seu regime discursivo instituiu-se sobre as bases do griersonismo, marginalizou a perspectiva epistemológica vertoviana e teve desdobramentos objetivistas que restauraram certos princípios nitidamente positivistas de uma ideologia documental das origens do cinema.

A alegação de que o documentário é dotado de uma "essência realista" e proporciona um acesso direto à "realidade" costuma estar presente em filigrana nos projetos dos filmes e no discurso dos cineastas, desde a captação de recursos até a campanha de lançamento para o público. Ainda que boa parte dos realizadores reconheça teoricamente a fragilidade deste mito, só recentemente esta consciência começou a ser levada às últimas conseqüências.[25] É no modo reflexivo que vamos

---

[24] RUBY, em ROSENTHAL, 1988: 66-67.
[25] Em um texto de 1978, sintomaticamente intitulado "Documentário: Acho que Estamos em Apuros", Brian Winston identificava certas incoerências na comunidade dos documentaristas:

encontrar estas manifestações críticas. Em filmes que perfuram a couraça institucional que manteve o documentário protegido "das tendências do século XX à dúvida epistemológica, incerteza, ceticismo, ironia e relativismo existencial que propulsionaram o modernismo; e da varredura ainda mais indiferente do pós-modernismo".[26]

A emergência de um modo de representação necessariamente coloca sob uma nova perspectiva questões de estilo, estratégia, estrutura, convenções, expectativas e efeitos que caracterizam o regime discursivo do documentário. O modo reflexivo traz à tona estas questões, problematizando-as explicitamente no texto do filme. E assim promove uma renovação formal, ao mesmo tempo em que responde a uma demanda política. O sentido calvinista de missão do griersonismo, ainda hoje remanescente em grande parte dos documentários, se baseia na premissa de que a mudança social decorre de um trabalho de persuasão realizado por uma elite esclarecida.[27] O esvaziamento dos projetos iluministas de verdade e de razão vem diluindo este pressuposto, bem como o papel hierárquico que as vanguardas se auto-atribuíam. Os aspectos políticos da representação se redimensionam: veicular conteúdos nobres através de práticas ilusionistas não basta mais para promover a versão contemporânea de uma cidadania madura, como queria Grierson. "O documentário reduzido a um mero veículo de fatos pode ser usado para defender uma causa, mas não constitui uma em si mesmo."[28] O sentido político, antes atribuído às finalidades, contamina os meios, desloca-se para o terreno da "linguagem".

"Acima de tudo nós talvez devamos enfatizar que os cineastas no documentário são as vítimas de uma retórica que inexoravelmente herdaram, mas que, tanto na tela quanto fora dela, não têm se esforçado o suficiente para repudiar". WINSTON, 1978/79, em ROSENTHAL, 1988: 33.

[26] NICHOLS, 1991: 63.

[27] "O filme documentário baseou-se na necessidade da classe média ocidental em explorar, documentar, explicar, compreender e, conseqüentemente, controlar simbolicamente o mundo. Tem sido aquilo que 'nós' fazemos para 'eles'. 'Eles', no caso, geralmente têm sido os pobres, os despossuídos, os inferiorizados e os politicamente suprimidos e oprimidos." RUBY, em ROSENTHAL, 1988: 71.

[28] MINH-HA, em RENOV, 1993: 99.

Aqueles que trabalham com signos são convocados a examinar criticamente os seus instrumentos de persuasão. "A representação da realidade tem que ser contestada com a realidade da representação."[29] Esta perspectiva retoma aspectos importantes da linhagem epistemológica do cinema-olho e da teoria e prática da desconstrução para ampliar a presença do documentário em uma arena de fundamental importância na sociedade contemporânea: a política da semiótica e da comunicação. Um número crescente de documentaristas parece fazer coro à personagem de Godard em *Le Gai Savoir* (1968): "Eu quero aprender, ensinar a mim mesma, a todos, como voltar contra o inimigo aquela arma com a qual ele nos ataca – a linguagem".[30]

O espelho que um dia pretendeu refletir o "mundo real" agora gira sobre seu próprio eixo para refletir os mecanismos usados na representação do mundo.

[29] NICHOLS, 1991: 63.
[30] Citado por XAVIER, 1984a: 137.

10   A Representação Problemática

Em seus primeiros ensaios sobre a emergência de manifestações auto-reflexivas no domínio do documentário, tanto Bill Nichols quanto Jay Ruby apontam como determinante a contribuição de cineastas etnógrafos. Nichols sublinha que não foi no ambiente de um cinema politicamente engajado que surgiram as inovações: "Ao contrário, foi o reduzido número de cineastas etnógrafos como David e Judith MacDougall, Timothy Asch e John Marshall que, em suas reflexões sobre métodos científicos e comunicação visual, fizeram as experiências mais provocadoras".[1]

Em um texto anterior, Ruby havia relacionado o surgimento (a seu ver, acidental) de qualidades auto-reflexivas nos filmes não-ficcionais à necessidade dos documentaristas encontrarem respostas para problemas similares àqueles com que se defrontavam etnógrafos e outros pesquisadores de campo, tais como: as modificações que o equipamento e a equipe técnica produziam sobre os eventos, a invasão da privacidade, a relação entre a expectativa de objetividade e a dimensão subjetiva do realizador, as implicações ideológicas do documentário, e as responsabilidades do cineasta frente ao público.[2]

No Brasil, até o início dos anos 1980, não era comum encontrar no corpo dos documentários a problematização das questões da sua realização. O cinema etnográfico e sociológico praticado no Brasil foi

---

[1] NICHOLS, 1983, em ROSENTHAL, 1988: 60.
[2] RUBY, em ROSENTHAL, 1988: 71.

um dos segmentos que mais sofreu a "repressão ao domínio formal e expressivo"[3] vigente no domínio do documentário desde que o impulso vanguardista dos anos 1930 foi abandonado. Com raras exceções, o enfrentamento das questões semióticas era subjugado às prioridades da hora: registrar os eventos da cultura popular, preservar a memória brasileira, defender as vítimas sociais e denunciar as injustiças. Debater o filme, o mais das vezes, era debater o seu objeto. Questões ligadas à representação pouco avançavam além das qualidades da fotografia e das opções de montagem. As manifestações auto-reflexivas foram acidentais e descontínuas.

Entre as exceções figura a obra de Arthur Omar, realizador que empreendeu um sistemático e diversificado questionamento do ilusionismo e do realismo no documentário. Seu trabalho não é facilmente classificável. Já foi associado a um "cinema de artista", mas resultou algo discrepante entre seus supostos pares.[4] Não se autodenominava documentarista, mas tinha o documentário como campo de referência privilegiado, pela via da negação, ou antes, da problematização. Este viés é explicitado em um texto que já traz no título todo um programa: "O Antidocumentário, Provisoriamente".[5] Não se trata de fazer documentários, tampouco de trabalhar totalmente fora deste domínio; e sim de realizar objetos estéticos que se oponham a seus esquemas tradicionais.

---

[3] "O fato histórico de uma repressão do domínio formal ou expressivo na tradição do documentário é inevitável. Tal circunstância decorre, eu creio, mais de uma institucionalização da oposição arte/ciência do que de uma limitação inerente." RENOV, 1993: 33.

[4] Omar foi incluído em *Quase Cinema: Cinema de Artista no Brasil, 1979/80*, de Ligia Canongia, para quem "o cinema de artista talvez pudesse ser compreendido como uma soma de duas linguagens específicas, a do cinema propriamente dito e a das artes plásticas, que, pela fusão dos dois *media*, acabaria por se configurar em uma terceira linguagem, particular e autônoma". Na apresentação de Omar, a autora ressalva a sua trajetória excepcional: enquanto todos os demais são artistas plásticos que fizeram eventuais incursões fílmicas, "o caso de Arthur Omar não representa exatamente o inverso do percurso, mas situa-se em um plano diferente, já que, de um modo geral, seu trabalho sempre esteve fortemente vinculado ao cinema". CANONGIA, 1981: 8, 37.

[5] OMAR, 1978.

Mas, provisoriamente, até que se produza uma "relação de fecundação" entre filme e objeto, alternativa crítica à falácia da reprodução da realidade.

> Sem recusar o lado fotográfico de captação, mas fiscalizando-o rigorosamente, poderiam surgir, num período de transição, espécies de antidocumentários, que se relacionariam com seu tema de um modo mais fluido e constituiriam objetos em aberto para o espectador manipular e refletir. O antidocumentário procuraria se deixar fecundar pelo tema, constituindo-se numa combinação livre de seus elementos.[6]

Um destes "objetos em aberto" foi o filme *Congo* (1972). O título faz supor mais um documentário sobre cultura popular, tão em voga na época: a manifestação folclórica conhecida como congada. Mas não se mostra nenhuma congada neste curta-metragem. Após o título, a tela permanece em branco e, em seguida, aparece o letreiro: "um filme em branco". No lugar da reprodução da congada enquanto espetáculo cinematográfico, temos uma "meditação" sobre o tema, constituída por uma enxurrada de palavras escritas, fotos, desenhos, tela branca, tela escura e muito poucas imagens em movimento – fragmentos da vida rural, um monte de feno, um pátio de fazenda onde nada se passa, o coito de dois cachorros...

Quase 80% dos planos de *Congo* contêm letreiros, tais como "Angola contra hospício", "tese contra antítese", "mímesis", "Gil Vicente", "1618 + 1972", "kinoglaz"... Uma estrutura enigmática, de difícil leitura, que propõe ao espectador um trabalho de concatenação, em que nada é garantido.

Se falta o espetáculo-congada oferecido à contemplação passiva, não faltam informações referentes à congada, espalhadas pelo corpo do filme. Informações que são todas reelaborações do fenômeno-

---

[6] Idem: 8.

empírico-congada, recortes de discursos lingüísticos, icônicos, gráficos. São principalmente palavras, formuladas pelo cineasta ou extraídas de livros, mas também fotografias, partituras musicais, enfim, signos atomizados. Informações não concatenadas de forma narrativa unívoca, mas dispostas caleidoscopicamente, oferecendo ao espectador múltiplas entradas e infinitas conexões significantes.

Qual a congada possível ao documentário que quer preservar as raízes nacionais, senão um simulacro de congada, reprodução parcial de suas aparências visíveis e audíveis, uma interpretação denegada, travestida de reprodução fiel da congada "real"? Na contracorrente, Omar fornece a interpretação que se confessa como tal, acentuando ao extremo a

incompletude de toda e qualquer interpretação, sua impossível congruência com o referente. O que ele nos dá são fragmentos do conhecimento cultural acumulado sobre o objeto-congada, ou antes, diversas modalidades de construção deste objeto segundo as diferentes disciplinas e "linguagens" que dele se apropriaram tematicamente: a pesquisa folclórica, a música, a fotografia.

Ao invés de constituir-se em mais um destes produtos da indústria cultural, que tenta assimilar a lógica de seu objeto e oferecer-se ao consumo no lugar dele, a estratégia do filme consiste em recortá-lo e oferecer ao espectador a diversidade de seus cacos, uma malha feita de signos diversos, sobreenfatizando assim o seu caráter puramente textual.

No lugar de tentar mimetizar-se com seu referente, utópica reprodução de uma manifestação da cultura popular, *Congo* afirma seu ser irredutível: um objeto-filme. "Objeto em aberto", "filme em branco". A estratégia de Omar em recusar a "documentação" converge para o modo reflexivo: "na sua forma mais paradigmática o documentário reflexivo induz o espectador a uma consciência mais elevada de suas relações com o texto e da relação problemática entre o texto e aquilo que representa".[7]

À pergunta "como representar adequadamente a congada?", o cineasta que operasse com os códigos do modo expositivo responderia com imagens e sons "autênticos" de uma congada particular, juntamente com a sua interpretação verbal generalizante do fenômeno congada, em voz *off*. No modo observacional, imagens semelhantes seriam agenciadas de forma transparente, como que convidando o espectador a assistir a congada como se estivesse lá, em campo, sem acrescentar nenhum elemento externo aos materiais "captados ao vivo". O realizador que optasse pelo modo interativo participaria do evento, provocaria os praticantes da congada a reagir, os entrevistaria. Nos casos híbridos, os mais freqüentes, estas convenções seriam misturadas conforme as conveniências materiais e narrativas, sempre procurando satisfazer o espectador na sua expectativa de conhecer a congada.

Na perspectiva reflexiva radical assumida por Omar, este conhecimento será sempre ilusório. Logo, é preciso romper com uma abordagem fenomenológica, que fornece imagens sonoras e visuais como um simulacro da experiência empírica, como "fatias da realidade". Em *Congo*, este corte se obtém tornando opaca a "janela aberta para o mundo", reduzindo o filme à sua realidade puramente fílmica, atribuindo assim ao espectador o único estatuto que lhe cabe, o de consumidor de um tecido feito de signos, o artefato-filme,

---

[7] NICHOLS, 1991: 60.

projeção luminosa na tela da sala escura. Ao dispor seus materiais como peças de um texto, tirando o espectador da "passividade de um olho indiferente"[8] e forçando-o a uma atividade produtora de sentido, Omar partilha com ele os dilemas epistemológicos, éticos e estéticos da representação.

> O modo reflexivo enfatiza a dúvida epistemológica. Sublinha a intervenção deformante do dispositivo cinematográfico no processo de representação. O saber é não apenas localizado, mas ele mesmo sujeito a questionamento. O saber é supersituado, colocado (...) em relação com questões fundamentais sobre a natureza do mundo, a estrutura e a função da linguagem, a autenticidade do som e da imagem documentais, as dificuldades da verificação e o estatuto da evidência empírica na cultura ocidental.[9]

Se alguns documentários auto-reflexivos recentes enfatizam o caráter textual do filme, de modo que o texto se sobreponha ao objeto da representação, impondo-se como *mediação* em lugar de *transparência*, em 1972 *Congo* já dissolvia o objeto no texto, pulverizando-o ao invés de representá-lo. A platéia permanece em pura presença do texto, do discurso fílmico que não se quer veículo de comunicação de uma experiência acontecida alhures entre o cineasta e seu objeto, mas que é, em si mesmo, a experiência fílmica localizada, em tempo presente, irredutível, na sala de cinema. "Em realidade, esta linguagem não quer perder a sua opacidade, ela oferece obstáculos e resistência à compreensão e à interpretação: ceder completamente às investidas do representante seria, para ela, negar-se."[10]

---

[8] OMAR, 1978: 7.
[9] NICHOLS, 1991: 61.
[10] BERNARDET, 1985: 97. A análise que Bernardet faz de *Congo*, contendo a transcrição de diversos letreiros do filme, serviu-nos como referência.

A frustração do espectador é um dado intencional de *Congo*, uma tática para descentrá-lo da posição de consumidor passivo de significados prontos e acabados. Em *Congo*, a sonegação da representação não é um recurso reflexivo meramente agressivo, mas um questionamento dos limites e das possibilidades da própria representação. Sonegação, aliás, que permanece implícita, convidando o espectador a seguir as pistas fornecidas pelo filme para construir o objeto que não é fornecido gratuitamente para seu deleite. Se o convite é aceito, a dimensão agressiva se minimiza, em benefício da experiência lúdica e didática.

Congo se inscreve na perspectiva vertoviana inaugurada com *O Homem da Câmera*. A mesma profusão de imagens, desafiando a leitura no ritmo normal de projeção, a mesma repetição, fragmentação e descontinuidade, a mesma montagem disruptiva-associativa, a mesma intenção pedagógica traduzida em relações audiovisuais complexas. *Congo* alinha-se a um cinema desconstrutivo, que procura "percorrer o caminho que leva até à linguagem",[11] ao invés de pretender atingi-la instantaneamente através dos sortilégios da imagem analógica.

Arthur Omar trabalha suas imagens visuais e sonoras não como réplicas do real, mas como matérias de expressão cuja integridade não é poupada, mas violada e esgarçada, para proporcionar novas possibilidades significantes. Em *Tesouro da Juventude* (1977), no lugar de manter a platéia em estado de ilusão referencial, Omar violenta o princípio mais elementar desta ilusão: a base material da imagem fotográfica.

O filme é composto de imagens preexistentes, "planos contratipados em branco e preto, reenquadrados em truca, alto contraste, intensa granulação. Retirados de documentários etnográficos feitos pelo mundo afora, colhidos meio ao acaso".[12] Imagens de avalanches, lagartos, multidão vibrando em um estádio, mongóis em cavalgada no deserto,

<hr>

[11] OMAR, 1978: 18.
[12] OMAR, 1980: 42.

árabes em luta corporal, caveiras, que são contrastadas e hiper-ampliadas, deixando exposta a sua estrutura granular. Ao subverter assim a natureza icônica da imagem, a representação fica mais uma vez suspensa, subjugada à materialidade microfísica da fotografia. Trata-se de uma experiência raríssima, nunca praticada pelo modo de representação hegemônico, porque implica o seu segredo mais íntimo.

O princípio que rege *Tesouro da Juventude* é a redução das imagens ao denominador comum que decorre de terem sido captadas em câmera de cinema e estarem sendo projetadas luminosamente em uma tela – sua pulsação granular.

> Este filme reduz cada coisa registrada no mundo real, cada coisa dife-rente e particular em termos de substância compositiva, a um mesmo tipo de ser, totalmente diverso daquele que produziu a imagem, pois é agora um ser feito de uma matéria que só existe no interior do filme e por causa do filme: um ser feito de grãozinhos.[13]

O espectador é novamente frustrado em sua fome de espetáculo. Aqui, a tela não é mais a superfície plana bidimensional que se nega, em nome da ilusão de acesso transparente a um mundo imaginário, como em *Congo*. Ela volta a se fazer opaca, mas agora para ser assumida como o lugar onde assistiremos à decomposição da base física da imagem. Por vezes, um arremedo de narrativa parece se esboçar: duas breves irrupções de uma voz *off*,[14] trechos de dois filmes de Méliès,[15] um deles acompanhado de um fragmento sonoro de radionovela, interrompido no auge do suspense. Promessas vãs, que só fazem acentuar o apetite

---

[13] Idem: 43.

[14] "O que é a harmonia? Segundo Mussolini, a harmonia é harmonia, a cacofonia é *un'altra cosa*" e "Onde começa o desejo? O desejo não tem começo."

[15] *Voyage dans la Lune* (1902) e *L'Homme à la Tête de Caouthchouc* (1901). Omar presta, deste modo, sua homenagem a um artista da trucagem, ilusionista convicto dos primeiros tempos do cinema.

diegético do espectador, para logo devolvê-lo a esta sensação de pura fruição audiovisual, no limite entre o figurativo e o abstrato.

O que está em jogo aqui não é apenas o deslocamento do plano referencial para o plano representacional, comum a tantos documentários auto-reflexivos que colocam mais ênfase na forma como se fala do mundo histórico do que naquilo que é mostrado e dito sobre ele. *Tesouro da Juventude* bloqueia a narratividade, não estabelece conexões referenciais nem tece comentários sobre o mundo histórico – brinca com esta indizibilidade já no letreiro que se segue ao título, anunciando um "tema" que, de tão pretensioso, tende ironicamente à anulação: "um filme sobre tudo o que existe e muitas outras coisas".

A proposta deste filme é a de retrabalhar a imagem, fazer dela uma estrutura formal quase dissoluta, revelada como mediação entre um objeto fenomenal supostamente representado e o espectador de cinema, que precisa esforçar-se para recompor o significado mais elementar, a denotação ameaçada de perder-se na pura vibração luminosa. Trata-se de um método original de questionar o realismo e o caráter documental da imagem fotográfica, apontando para a distância incomensurável que existe entre a experiência empírica e a experiência-cinema. Sim, porque chegar mais perto da imagem causa o efeito oposto àquele que sentimos quanto nos aproximamos de um objeto fenomenal. Ao invés de termos acesso a seus aspectos epidérmicos, sua textura física, vamos progressivamente perdendo o contato ilusório que mantínhamos com ele; a referência se perde e o que resta é a falsa textura da imagem sobre a tela, uma espécie de ilusão de óptica.[16] O mesmo efeito perceptivo se dá quando ampliamos e contrastamos as imagens cinematográficas: o padrão granular que as une se torna mais forte do

---

[16] O protagonista de *Blow-up* (Michelangelo Antonioni, 1967) já havia mostrado a ilusão que encerra esta composição granular do fotograma: quanto mais "perto do real" queremos chegar, pela ampliação desmesurada da imagem fotográfica, mais o objeto se dissolve aos nossos olhos, deixando no seu lugar uma multidão de grãozinhos que abole toda figuração.

que a figuração que as distingue, esvaziando assim a suposta dimensão ontológica da fotografia, base do mito de sua essência realista.

A pesquisa desconstrutivista desenvolvida por Arthur Omar nos anos 1970 baseava-se em uma quebra das expectativas de consumo do espetáculo cinematográfico, minimizando a tensão entre filme e objeto e maximizando a tensão entre filme e espectador, de modo a intensificar a experiência que se processa na sala de projeção. Em *Congo*, a desconstrução narrativa é obtida através de uma relação inusitada entre o que é mostrado e o que é sonegado. O que está em jogo, então, é o tipo de imagem, sua relação com o hipotético tema e sua forma de organização significante. Em *Tesouro da Juventude*, trata-se da desestruturação física da própria imagem, acentuada pelo uso de efeitos como a repetição circular de planos, a alteração do movimento normal e a estroboscopia. Em *Vocês* (1979), alguns destes mesmos efeitos estão a serviço da desestabilização da percepção da imagem. Diferente forma de sonegação, que desce às bases fisiológicas do sistema visual do espectador para subverter a sua relação padronizada com o dispositivo cinematográfico.

Em *Vocês*, o título interpelativo já indica uma relação excepcional entre filme e platéia, separando estas duas instâncias que o cinema-espetáculo procura ilusoriamente integrar. Intercaladamente aos letreiros de apresentação surgem imagens de um olho humano que ocupa toda a tela: olho que mira fixo, que se move procurando e que se fecha. Variação de comportamento ocular que sugere reações diferenciadas aos estímulos visuais. A cada aparição do olho, a música é interrompida por um ruído de vidros e objetos que se quebram, conotando risco, acidente, instabilidade, anunciando o que virá.

O filme nos mostra imagens de um homem portando uma metralhadora, atirando repetidamente, em várias direções, contra alvos não identificados; erguendo a "arma" em sinal de vitória, olhando fixo para a câmera, e ainda um cano que "cospe" fogo e faíscas giratórias.

O traço fundamental destas imagens é a forma como foram filmadas: iluminação estroboscópica, no lugar de fontes estáveis de luz. O efeito obtido é uma cintilação, em diferentes freqüências, que provoca no espectador uma permanente excitação sensorial.

O antiilusionismo deste filme atinge a infra-estrutura da impressão de realidade no cinema, aquilo que essencialmente deve passar desapercebido: as condições materiais de projeção luminosa da imagem e o seu regime perceptivo. *Vocês* parece retomar certos princípios e algumas técnicas do cinema-olho, para aprofundar seus efeitos. A separação entre as condições da percepção humana e as virtualidades do cinema torna-se gritante, agride a visão e impossibilita uma contemplação passiva e relaxada.

Sabemos que o dispositivo cinematográfico baseia-se em uma "ilusão perfeita", pois nossa percepção de movimento aparente, produzida pela projeção sucessiva de imagens fixas, é semelhante à percepção do movimento em situação real.[17] Esta ilusão foi conquistada através de sucessivos aperfeiçoamentos óptico-mecânicos nos aparelhos de filmagem e projeção. Um dos principais fenômenos que teve que ser contornado foi o da cintilação, característico das emissões periódicas de luz a baixa freqüência, como nos filmes mudos que eram projetados à razão de 16 fotogramas por segundo expostos uma única vez. O procedimento de expor três vezes cada quadro, reduzindo sensivelmente a duração de cada emissão luminosa que é intercalada com um período de obscuridade, proporcionou a sensação de uma luz contínua e mascarou o desagradável efeito da cintilação.[18] Com isto, a instituição cinematográfica conquistou uma condição de conforto visual que suprimia mais uma barreira ao centramento do espectador e à sua viagem imóvel.

---

[17] AUMONT, 1990: 49-52.

[18] Com a elevação de velocidade de projeção, exigência da reprodução sonora, e a conseqüente reprodução de 24 fotogramas por segundo, o obturador do projetor expõe apenas duas vezes cada fotograma, o suficiente para mascarar o efeito de cintilação. Ver AUMONT, 1990: 35-36.

Ao restaurar a cintilação, Omar desvela a artificialidade dos aparelhos de base do cinema e o caráter descontínuo da imagem fílmica – descontinuidade que a instituição aprendeu tão bem a ocultar e que consiste em um dos pilares fundamentais do ilusionismo cine-

matográfico. *Vocês* promove uma dupla sabotagem ao mergulho diegético do espectador. Por um lado, a narrativa sempre prometida não se desdobra, não surge o conflito dramático capaz de catalisar os mecanismos de projeção e identificação que caracterizam o regime da ficção cinematográfica. Não há enredo, não emerge um antagonista, a luta do herói mostra-se vazia. A menos que se trate de uma luta contra o próprio espectador – esta, aliás, é a hipótese que se afigura mais provável, porque à descontinuidade narrativa soma-se a descontinuidade perceptiva de uma imagem que não pára de pulsar, estimulando um movimento intermitente da pupila. Ao simular uma desregulagem do funcionamento padrão da projeção cinematográfica, Omar subverte o pacto que dá lugar à ilusão consentida do espectador. Neste registro, não há lugar para a suspensão de incredulidade, para a renúncia à prova de realidade que o espectador costuma conceder ao filme como condição de fruir o mundo imaginário que lhe é oferecido.

Os conceitos propostos pelos formalistas russos e que se consubstanciavam no cinema de Vertov reaparecem, por outro viés, na obra de Omar. Seus filmes são de consumo difícil, frustram expectativas e exigem do espectador uma relação ativa de decifração, sem concessões aos códigos do cinema-espetáculo. Platéias que eventualmente esperassem, como de hábito no documentarismo da época, um "reflexo" ou uma interpretação da realidade, deparavam-se com propostas desconcertantes que refletiam e interpretavam, isto sim, as condições de produção significante no campo do cinema. Esta auto-referencialidade jogava freqüentemente com o efeito de *ostranenie*, criando justaposições inesperadas que faziam o familiar parecer estranho, por efeitos de montagem e pelo uso anticonvencional de sons analógicos e sintetizados. Todas estas práticas convergiam para o projeto global de "regrar metodicamente o trabalho de desarticulação da linguagem do documentário".[19]

As propostas desconstrutivas de Arthur Omar dificilmente podem ser interpretadas fora do horizonte historicamente constituído pela tradição do documentário. Sua obra se vincula às questões e aos compromissos sociais, epistemológicos e estéticos que norteiam a prática do documentário desde os primeiros tempos, de certo modo retomando a linha da cine-escritura instaurada por Vertov. No cinema brasileiro dos anos 1970, Omar se insurgiu contra o "desperdício formal" que constatava nos filmes da "posição clássica progressista, com seu modelo inconsciente de documentário", bem como nos da "vanguarda experimental".[20] Não se considerava proponente de um novo modelo, mas encarava seu trabalho como "um ponto fora do perímetro".[21] O olhar crítico que lançava sobre o documentário não resultou em paródias, mas efetivamente em antidocumentários, filmes problematizantes das convenções usadas sem maiores questionamentos em certos filmes etnográficos sobre as "raízes nacionais" (*Congo*), em montagens de materiais de arquivo (*Tesouro da Juventude*) e em filmes engajados, com mensagens políticas explícitas (*Vocês*).

Os textos e filmes de Omar demonstram uma preocupação constante com as ressonâncias do cinema no plano político e cultural, muito embora ele pareça privilegiar as ressonâncias no microcosmo mais restrito da comunidade audiovisual, talvez numa intenção vertoviana de fazer "filmes que produzam filmes".

[19] OMAR, 1978: 8.
[20] Ibidem.
[21] OMAR, 1978: 9, referindo-se a *Congo*.

Assim, um filme documentário, ao escolher seu objeto, é responsável pelo modo com que esse objeto poderá agir sobre a cultura, isto é, como este objeto poderá se transformar em meio de produção para outras obras. Toda obra é a transformação de outras obras, que se inscrevem anonimamente no seu corpo, é uma leitura de outras obras, e, ao mesmo tempo, dá a sua novidade como leitura para que outras obras se ramifiquem.[22]

Esta dimensão deliberadamente intertextual da produção cinematográfica tornou-se mais densa, no Brasil, a partir da segunda metade dos anos 1980, mas sua manifestação vem se dando em uma chave bem distinta da que vimos com Omar. De certo modo, o experimentalismo se dissemina, mas se acomoda no plano das soluções formais e narrativas. A pesquisa semiótica perde em radicalismo, sendo substituída por um trabalho dentro dos marcos do cinema-espetáculo. Não se cogita do confronto com a platéia, mas da sua cooptação. O próprio cinema é um tema recorrente e a paródia torna-se um recurso freqüente. Exemplos significativos podem ser encontrados na obra de Jorge Furtado, cineasta que, após realizar três curtas-metragens de ficção, se dedicou a uma modalidade não convencional de documentário, exercitada em três filmes bastante originais.

O primeiro deles foi *Ilha das Flores* (1989). Até a penúltima seqüência o filme estrutura-se como um documentário educativo, o modo expositivo de representação na sua forma canônica – uma voz *off* masculina acompanhada de imagens rigorosamente ilustrativas que conjugam técnicas mistas de filmagem ao vivo, fotos, gravuras, filmes de época e animação. O comentário desfia uma trama aparentemente infindável de associações entre os mais diversos fenômenos, como se tudo o que existe estivesse logicamente concatenado. No meio desta

---

[22] Idem: 17.

rede de causalidades destaca-se o tomate, "personagem" que acompanharemos a partir de sua colheita. O tom irônico do comentário acentua o didatismo de sucessivas e remissivas definições, com efeito cômico. [23]

Logo nos primeiros minutos, o espectador se dá conta de que assiste a uma paródia de uma classe de documentários que costuma exibir conhecimentos inúteis através de tautologias e truísmos. A uma certa altura, as coisas começam a se complicar. A definição de *dinheiro* leva à citação de Cristo, associado a *judeu*, dando lugar a mais uma definição: "os judeus possuem o telencéfalo altamente desenvolvido e o polegar opositor. São, portanto, seres humanos". As imagens que lembram antigos livros escolares são então substituídas por um filme de época mostrando judeus esquálidos que são conduzidos como gado por oficiais nazistas e jogados em uma vala comum. Mas o efeito da ironia macabra é rapidamente superado por novas definições amenas, acompanhadas de animações graciosas. Assim, através de uma rede feita de conceitos e figuras, acompanhamos um argumento difuso e aparentemente inconseqüente sobre o mundo... até a seqüência final, que nos leva à Ilha das Flores, um vazadouro de lixo onde famílias miseráveis fazem fila para entrar em grupos de dez e recolher as sobras em períodos de cinco minutos – mas só depois que os porcos terminem de se alimentar dos detritos.

Os quadros de referência se chocam, o estilo muda, o tom do comentário se adensa. E o espectador, desarmado, é pego de surpresa. Da comédia, passamos ao drama, da paródia do documentário, ao documentário propriamente dito. Se a ironia continua, é como veículo

---

[23] Por exemplo: "os *seres humanos* são animais mamíferos, bípedes, que se distinguem dos outros mamíferos, como a baleia, ou bípedes, como a galinha, principalmente por duas características: o telencéfalo altamente desenvolvido e o polegar opositor"; ou então: "*lixo* é tudo aquilo que é produzido pelos seres humanos, numa conjugação de esforços do telencéfalo altamente desenvolvido com o polegar opositor, e que, segundo o julgamento de um determinado ser humano, não tem condições de virar molho".

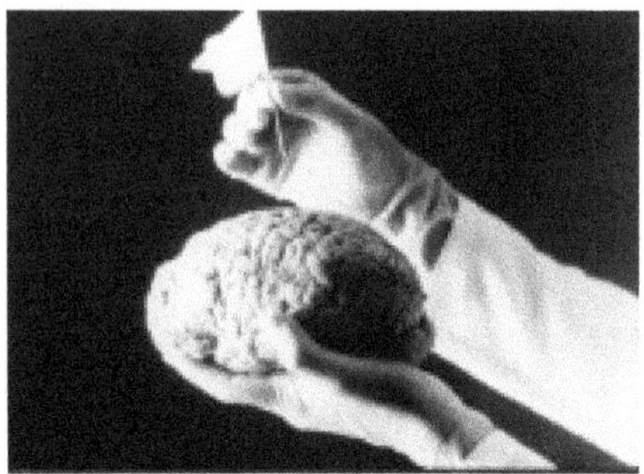

de um humor negro que verbaliza o paradoxo insuportável: "o que coloca os seres humanos da Ilha das Flores depois dos porcos na prioridade de escolha de alimentos é o fato de não terem dinheiro nem dono".

Quando a cerca se abre, vemos os miseráveis se atropelando para melhor aproveitar os cinco minutos que lhes cabem, mulheres e crianças catando lixo, imagens filmadas com teleobjetiva em câmera lenta. O impacto só não é maior porque o lixo da Ilha das Flores é estetizado, resultado da adesão deliberada de Furtado aos códigos e às técnicas do cinema-espetáculo.[24] Mas, nem por isso a seqüência final de *Ilha das Flores* deixa de se inscrever na mais pura tradição do documentário: um argumento sobre o mundo, a imagem-documento, a finalidade social, o esquema particular-geral[25] e o humanismo griersoniano.

Do mesmo modo que na escola inglesa, a explicação da injustiça social não passa pelas contradições de classe, mas pelos valores liberais, e a exibição descarnada da miséria cede lugar à elegância formal. A imagem dos catadores de lixo poetizados pela técnica é associada pelo

[24] "Com uma lente 200, filmando a 60 quadros por segundo, até o lixo fica bonito. Qualquer coisa. A gente vê um mendigo desdentado no meio do lixo e diz: 'que lindo'. A lente faz isso, e o final de *Ilha das Flores* é exatamente isso. Os mendigos, uma tele, uma trilha de fundo, e filmando em *slow motion*. Mas é necessário saber disso. Se a gente for filmar a mesma coisa com uma lente 32, velocidade normal e sem trilha, a gente não vai emocionar ninguém." FURTADO, 1992: 37.

[25] O sistema particular/geral, em que um ator social fornece matéria-prima para uma generalização produzida pelo filme, é um recurso retórico recorrente do documentário, desde Grierson. Sobre a aplicação deste sistema, bem como a construção do *tipo sociológico*, em filmes brasileiros dos anos 1960, ver BERNARDET, 1985.

comentário à idéia de liberdade: "o ser humano se diferencia dos outros animais pelo telencéfalo altamente desenvolvido, pelo polegar opositor e por ser livre. Livre é o estado daquele que tem liberdade". E conclui com as palavras de Cecília Meireles: "liberdade é uma palavra que o sonho humano alimenta, que não há ninguém que explique e ninguém que não entenda".

Nos letreiros finais, o filme ironiza sua relação com a tradição do documentário, usando reiteradamente a palavra *verdade*.[26] Fecha, assim, o ciclo inaugurado com os letreiros de abertura: "este não é um filme de ficção", "existe um lugar chamado Ilha das Flores", "Deus não existe". A recusa em alinhar-se aos discursos de sobriedade[27] é apenas formal ou estilística – a fantasia é um recurso retórico para atrair o espectador. E as locações podem não ser exatas, mas é preciso deixar claro que a Ilha das Flores existe, a miséria não é metafórica e a verdade é o valor que se impõe no horizonte do filme.

A principal característica auto-reflexiva de *Ilha das Flores* está contida na paródia do documentário expositivo, ao longo de toda a sua primeira parte. Paródia que não tem como objetivo produzir o distanciamento crítico do espectador, mas está a serviço de uma estratégia narrativa que visa estabelecer a empatia através do humor, para melhor desferir o golpe da seqüência final, como se pode depreender das palavras do próprio autor: "Para convencer o público a participar de uma viagem por dentro de uma realidade horrível, eu precisava enganá-lo. Primeiro, tinha que seduzi-lo e depois dar a porrada".[28] Não se trata de exagerar as convenções do documentário visando diretamente a criação da dúvida

---

[26] "Este filme na verdade foi feito por..."; "na verdade, a maior parte das locações foi rodada na Ilha dos Marinheiros, a dois quilômetros da Ilha das Flores"; "os temas musicais na verdade foram extraídos de 'O Guarani' de Carlos Gomes"; "o resto é verdade."

[27] "O documentário tem afinidade com aqueles outros sistemas não-ficcionais que formam o que podemos chamar 'discursos de sobriedade'. Ciência, economia, política, relações exteriores, educação, religião - estes sistemas pressupõem ter poder instrumental; eles podem e devem mudar o mundo; eles podem afetar a ação e impor conseqüências". NICHOLS, 1991: 3.

[28] FURTADO, 1992: 63.

epistemológica e a crítica a um quadro argumentativo que parece querer destilar o conhecimento universal. Furtado assimila este quadro e exagera seu estereótipo para atingir outros objetivos, aliás, muito afinados com a tradição do documentário.

De resto, o componente crítico da paródia quase sempre se faz acompanhar de um elemento que lhe é antagônico, pois "um bom ou um grande parodista tem que nutrir uma certa simpatia secreta pelo original".[29] Conscientemente ou não – pouco importa – a estratégia retórica de *Ilha das Flores* coloca em primeiro plano a artificialidade do discurso cinematográfico e a natureza convencional da representação. Evidencia-se como uma construção, "resultado de um trabalho completamente racional".[30] Ainda que os objetivos não pareçam ser da ordem da problematização do modelo clássico do documentário, mas antes de sua apropriação em outro registro discursivo, em *Ilha das Flores* a paródia e a ironia têm o efeito de questionar a representação e desvelar a arbitrariedade das convenções cinematográficas empregadas na construção de um argumento.

Para seu filme seguinte, *Esta Não é a Sua Vida* (1991), Furtado formulou a seguinte sinopse: "Um documentário sobre uma pessoa comum, escolhida por acaso em um bairro de Porto Alegre. É um audiovisual sobre a importância de qualquer ser humano, normalmente esquecido quando se fala em humanidade".[31] Ao longo do filme, Noemi, a "pessoa comum", narra os principais fatos de sua vida, desde a infância, passando pelos namoros e casamento, até sua pacata vida atual. Alguns destes episódios são reencenados por ela mesma. Antes que Noemi se apresente, vemos sucessivos fragmentos de bocas, olhos e ouvidos girando no espaço negro, em telas de vídeo cobertas com máscaras irregulares, enquanto ouvimos um comentário em voz *off*: "eu não sei

---

[29] JAMESON, 1994: 28.
[30] FURTADO, 1992, 63.
[31] Idem: 101.

quem você é; eu não tenho como saber quem você é; eu nunca saberei quem você é; você está em sua casa, vendo TV; o seu anonimato é a sua segurança; não se preocupe, esta não é a sua vida".

Com esta seqüência, que reitera o próprio título do filme, o realizador preserva o espectador no seu anonimato.[32] Além disso, a interpelação direta surte um efeito de distanciamento que compromete o ilusionismo, ao enfatizar que na experiência do cinema estão em jogo instâncias irredutíveis: o espaço da sala, o espaço pró-fílmico e o texto fílmico, como mediação. A negação do efeito de "janela transparente para o mundo" é acentuada pela exibição de telas giratórias. Imagens inusitadas, que criam um tipo de expectativa distinta daquela que o documentário usualmente produz e que deslocam o espectador de sua posição convencional.

A perspectiva auto-reflexiva do filme volta a se afirmar na caracterização negativa da personagem que está por vir. Uma sucessão de *travellings* mostra diversas pessoas em tarefas cotidianas, olhando a câmera que passa por elas, enquanto o comentário as identifica pelo que *não* são: "este homem não come vidro (...) na última quarta-feira, esta mulher não deu à luz a sêxtuplos (...) esta senhora não matou a mãe e o pai a golpes de machado". Nenhum feito notável, nada que justifique a participação em documentários como *Só* (José Carone, 1980) – sobre um homem que, entre outras atrações, come vidro em praça pública para ganhar o pão, *Happy Mother's Day* (Richard Leacock, 1965) – sobre uma mulher que deu à luz a quíntuplos; ou *Moi, Pierre Rivière...* (René Allio, 1976) – sobre um rapaz que assassinou brutalmente a própria família.

Se o advento do som direto veio permitir uma expressão direta dos atores sociais, estes costumam participar de documentários por suas qualidades excepcionais, seja como especialistas em um assunto, seja

[32] "faço uma referência ao estado de cinema, dizendo que não sei quem está vendo o filme, que não posso saber quem ele é, e, portanto, ele, o espectador está protegido. A vida a ser mostrada não é a dele, espectador, mas de uma outra pessoa." Idem: 74.

como personalidades notáveis. Ou, ao contrário, para figurar como indivíduo típico – muitas vezes vítima social – que será objeto de generalizações demonstrativas da posição do cineasta sobre o mundo histórico. Em seu ensaio sobre a auto-reflexividade, Ray Ruby comenta que a preocupação com a forma e a estrutura não costuma prevalecer nos documentários: "Não conheço nenhum documentarista que deliberadamente escolha assuntos desinteressantes e triviais para poder concentrar-se no significado dos elementos formais e estruturais no documentário".[33] De *Nanook of the North* aos teledocumentários dramatizados contemporâneos, o gênero tem demonstrado uma irresistível tendência ao herói (Flaherty/Leacock) ou à vítima (Grierson/ Ivens). *Esta Não é a Sua Vida* se coloca como um objeto excêntrico na tradição do documentário, ao abordar uma vida banal com a finalidade de demonstrar que "qualquer vida é interessante".[34]

A dimensão auto-reflexiva do filme desdobra-se na apresentação do método aleatório de escolha da personagem, partilhando com o espectador aspectos que os documentaristas costumam ocultar, mas que ao serem revelados reforçam a consciência da cadeia *produtor-processo-produto*.

Chegamos a Noemi através de imagens de roletas, rodas de quermesse e sorteio lotérico. E a sua abordagem pela equipe – "você já apareceu na televisão?", pergunta uma voz fora de quadro – é uma reafirmação da proposta auto-reflexiva. Furtado não trabalha com o "tipo", nem se acomoda ao sistema particular-geral do

---

[33] RUBY, em ROSENTHAL, 1988: 76.

[34] "O filme tenta mostrar que o que impede que todos percebam como cada um de nós é interessante é justamente o nosso anonimato. Removidos do anonimato, podemos mostrar, qualquer um de nós, como somos únicos, mesmo sendo tão iguais." FURTADO, 1992: 74.

documentário. Ao contrário, procura estabelecer contato direto com uma pessoa qualquer, independentemente de qualidades notáveis ou socialmente reconhecidas.

Esta Não é a Sua Vida mantém uma relação ambígua com as convenções do modo interativo. Ora apropria-se delas para estruturar o retrato da personagem de modo convencional, ora as exibe, como *Chronique d'un Été* e tantos outros filmes que desvelam seu processo de filmagem. O depoimento de Noemi sobre seu contato com a equipe de Furtado é um momento especialmente revelador.[35] O filme funciona como um espelho em que Noemi se desdobra, sendo ao mesmo tempo ela e seu relato – a verbalização de sua memória e a reencenação de momentos da infância.

A transformação por que passa esta "pessoa comum" decorre da experiência ímpar de *ser o filme*, aquela característica do cinema direto apontada por Comolli, que pode, eventualmente, levar a uma verdadeira metamorfose. Como o "princípio de perversão" do direto não é aqui explorado em toda a sua potencialidade, Noemi apenas vislumbra a metamorfose: "... parecia que eu... que eu nasci de novo, que eu tenho que começar a minha vida de novo, que eu vou começar a minha vida assim como eu quero um dia. Se Deus quiser".

Em *A Matadeira* (1994) Jorge Furtado vai assumir mais explicitamente uma perspectiva auto-reflexiva. O filme aborda o episódio histórico do massacre de Canudos, através de uma colagem paródica de gêneros e estilos audiovisuais, intercalando estas citações com uma interpretação poética do evento. A demonstração da parcialidade das diversas versões que procuram explicar a guerra resulta em uma estrutura fílmica multifacetada. Cada versão recebe um tratamento formal diferenciado, facilmente reconhecível pelos estereótipos utilizados.

---

[35] "Com esses poucos dias que eu estou conversando com vocês, umas pessoas estranhas e tudo, que me procuraram na minha casa, parece assim que... que eu saí assim de um mundo pro outro..."

A interpretação poética organiza-se em torno da personagem-título, a Matadeira, enorme canhão que as forças armadas republicanas importaram da Inglaterra para desferir o golpe de misericórdia no arraial de Canudos.

Em oito das treze seqüências que compõem o filme, acompanhamos a trajetória do canhão, desde sua apresentação à tropa por um oficial inglês até o ataque final aos fiéis de Antônio Conselheiro. Paralelamente, uma voz *off* masculina lê uma passagem de *Os Sertões*, de Euclides da Cunha, sobre as dificuldades de transporte do pesado canhão; outra voz, feminina, lê trechos de um poema de Kurt Vonnegut, alusivo a uma "grande máquina" mortífera. A unidade estilística destas seqüências alegóricas de época é perturbada, nos dois momentos mais dramáticos do filme, pela inserção de imagens de crianças ensangüentadas nas ruas de uma metrópole contemporânea e de crianças sendo perseguidas por uma câmera nervosa nas vielas de uma favela.

Maior descontinuidade, no entanto, é provocada pelas seqüências paródicas que fazem contraponto à viagem da Matadeira. Os únicos elementos que as conectam são o ator que as interpreta e a referência comum a Canudos. Tudo mais as diferencia totalmente. A primeira destas seqüências apresenta uma interpretação sócio-econômica da guerra, através do "falso depoimento" de um especialista. O cenário é uma alegoria minimalista composta de pilhas de livros encadernados, conotando erudição. A didática explicação é ilustrada por uma animação com bonecos de barro tipicamente nordestinos. A prosódia e a entonação do ator são exageradamente falsas, denunciando uma clara intenção paródica dos documentários que recorrem a uma autoridade profissional ou acadêmica para suprir o filme de determinadas informações, acompanhadas de sua chancela.[36]

[36] No modelo sociológico do documentário, Bernardet denomina esta figura de "locutor auxiliar", pela função complementar que desempenha no sistema de informação dos filmes. BERNARDET, 1985: 20-21.

A segunda paródia tem como alvo os documentários de montagem que utilizam "documentos históricos" – filmes, fotos e páginas de jornal de época. Novamente com uma impostação exagerada, o ator representa um inflamado discurso de Prudente de Moraes defendendo os ideais da República contra o "caudilhismo monárquico". As primeiras imagens são fotografias, seguidas de filme preto e branco, ambos falsamente corroídos pelo tempo, apresentando irregularidades, manchas e véus. O sincronismo irregular e os cortes bruscos conotam a "autenticidade" destas imagens obviamente fabricadas. O discurso termina a cores. A abertura com o brasão da República e um hino cívico ao fundo conferem uma moldura oficial à seqüência. Gravuras de batalhas no estilo dos livros escolares e fotografias de uma multidão de flagelados formam um contraponto irônico ao discurso político presidencial.

A terceira ocorrência paródica mostra um falso depoimento do tipo "o povo fala", característico dos documentários do modo interativo, que a televisão diariamente apresenta em uma versão padronizada – o *talking-head*. A seqüência consiste em um plano único, câmera na mão, imagem tremida, som irregular e perturbado pelo ruído de fundo. O ator, agora, faz o papel de um sertanejo, que justifica Canudos na base de seus interesses mais imediatos: o acesso a um pedaço de terra para que suas cabras possam pastar.

Mais irregular, a versão que representa a tentativa de explicar Canudos a partir dos desvios de personalidade de Antônio Conselheiro é composta de duas partes. Na primeira, um falso "filme de família", em preto e branco, tremido e granulado, mostra o casamento de Antônio e Brasilina. Na segunda, sobre um cenário exageradamente artificial, temos uma representação em estilo melodramático da cena em que Antônio mata a própria mãe, vestida de homem, acreditando ter atingido um amante da esposa. O melodrama se converte no burlesco quando, ao abrir o armário, Antônio descobre um homem nu. Desesperado, agarra um crucifixo e abandona a casa. O texto de locução, em tom estereotipado que lembra uma dublagem de filme infantil, comenta mais esta vertente interpretativa, negando-lhe, desta vez expressamente, o poder de explicar o fenômeno Canudos.[37]

Por fim, o próprio Conselheiro é representado, em sua pregação messiânica e apocalíptica, empunhando um cajado coberto de fitas e medalhas. Ao fundo, colunas de monitores de vídeo exibem imagens do céu. A montagem, marcada por cortes bruscos no estilo dos *videoclips*, associa o Conselheiro a um "pastor eletrônico" contemporâneo.

O filme permanentemente se mimetiza com os discursos que parodia, fragmentando-se em um caleidoscópio de convenções bem definidas que escancaram seus artifícios retóricos. As caracterizações exageradas do ator Pedro Cardoso e as marcas estilísticas superenfatizadas imprimem um tom irônico a esta colagem de modos de representação. Diante de uma narrativa camaleônica, o espectador é sucessivamente descentrado e convocado a assumir uma perspectiva diferente e sempre crítica, porque o sarcasmo não propicia a adesão, mas uma interpretação distanciada.

> Os antiilusionistas exploram a mistura dos gêneros a tal ponto que o significado do trabalho passa a surgir da tensão criativa gerada por sua interação. As tensões nos forçam a refletir sobre a natureza do gênero em si, e nos tornam conscientes dos meios pelos quais a "realidade" é mediatizada através da arte.[38]

Não é somente através da paródia e da ironia que *A Matadeira* exibe características antiilusionistas. Sucessivas modalidades de "imagem-documento" são escancaradamente falsificadas e postas a serviço de

---

[37] "Freud afirmava que 'as religiões são neuroses coletivas e as neuroses são religiões individuais'. Há quem diga que Canudos foi conseqüência da "religião individual" de Conselheiro. Líder camponês marxista, homem santo, profeta estrategista militar ou doido varrido – todas as definições do Conselheio se justificam e nenhuma delas explica Canudos."
[38] STAM, 1981: 56.

O depoimento do sertanejo.

Antônio Conselheiro em versão eletrônica.

uma encenação. Paralelamente ao desdobramento de hipotéticos pontos de vista sobre Canudos, assistimos a um metacomentário sobre o processo de construção de representações. O filme transforma-se em convite para a reflexão sobre a fabricação de visões do mundo através do cinema, questionando os índices automáticos de verdade no documentário. *A Matadeira* implicitamente critica os critérios normativos que tentam estabelecer as técnicas e os métodos "mais aceitáveis e mais honestos", do ponto de vista de uma ética documentária objetivista – plano seqüência contra montagem, som direto contra dublagem ou comentário, lente normal contra teleobjetiva, velocidade regular contra alteração do movimento, câmera na mão contra plano fixo composto... O depoimento direto para a câmera, a voz hesitante e a textura da imagem "de época" são questionados em seu caráter de marcas de autenticidade e situados como meras convenções.

O "especialista" faz uma interpretação sócio-econômica do conflito.

O melodrama do marido traído e seu desfecho burlesco.

A univocidade e a totalização, características que pontuam toda a história do documentário, não se afirmam neste filme, que também não procura alinhar-se aos discursos de sobriedade. Ao contrário, diversas agências de autoridade produtoras de narrativas totalizantes têm seus discursos esvaziados: a política institucional, a religião, a economia política e a psicanálise. *A Matadeira* joga deliberadamente com a ambivalência, criando no espectador um permanente estado de dúvida diante dos argumentos conflitivos e das formas com que estes argumentos se revestem.

Neste sentido, o filme assume um caráter duplamente pedagógico, pelo questionamento de uma "estética do real" e pela dúvida epistemológica que suscita em relação aos significados unívocos e absolutos. Esta perspectiva é especialmente salutar no contexto audiovisual contemporâneo, em que técnicas persuasivas são intensamente empregadas para vender produtos tão diferentes como bens de consumo, mensagens políticas ou informação jornalística.

As convenções do documentário ocupam um lugar destacado neste elenco de tecnologias de persuasão. Insistir em usá-las sem questionar explicitamente os seus mecanismos de produção de sentido resulta em reforçar, junto à audiência, uma leitura ingênua de "índices de verdade" e implicitamente avalizar apropriações de um "estilo documentário", tais como as falsas enquetes da publicidade e a espontaneidade, muitas vezes fabricada, do telejornalismo.

Por outro lado, é preciso considerar que a promoção indiscriminada da ambivalência pode levar a uma descrença na imagem como um instrumento capaz de intervir na arena social, onde significados são permanentemente construídos visando cooptar nossos desejos, formar nossas crenças e influir em nosso destino histórico. Ao ser colocado diante da questão da representação de um evento ocorrido um século atrás,[39] Furtado optou pelo choque de diversas versões

---

[39] *A Matadeira* é um dos episódios da série *Os Sete Sacramentos de Canudos*, encomendada por uma emissora de televisão européia a sete realizadores brasileiros.

supostamente explicativas, que terminam por anular-se. Versões que são construídas de modo irônico e autocorrosivo, parecendo demonstrar a intangibilidade do fato histórico, nossa incapacidade de fazer dele um juízo minimamente acurado, já que todas as suas representações trarão sempre a marca arbitrária da ideologia que as informa.

Assumir a irreverente manipulação e a escancarada falsificação de documentos sobre o passado pode elevar nossa consciência sobre o caráter sempre construído de qualquer representação do mundo. Mas pode também fortalecer a tendência recorrente a igualar superficialmente todas as imagens e segregá-las em uma esfera autônoma e desreferenciada.

A Matadeira tenta escapar deste dilema por dois caminhos. Um deles é a inserção de imagens chocantes da violência urbana contra a criança, estabelecendo através da montagem um paralelo entre o massacre de Canudos e o combate social em curso no Brasil contemporâneo. Um clichê de efeito discutível, insuficientemente articulado com o conjunto do filme, mas que efetivamente vincula o episódio histórico à nossa vivência cotidiana.

O outro caminho, mais elaborado, é a versão poética que abre, pontua e fecha o filme. Se a denominamos *poética* é porque sua encenação alegórica se faz acompanhar de um poema em voz *off* que interpreta Canudos como aquilo que toda guerra é, em última instância: uma máquina de produzir morte em grande escala. Mais adequado seria denominar estas seqüências pelo que elas são do ponto de vista das convenções cinematográficas que regem a sua construção: uma ficção.

Furtado parece nos dizer que, já que nada pode garantir materialmente a verdade histórica sobre Canudos, só nos resta brincar com as múltiplas versões sobre a guerra e acrescentar a elas uma versão ficcional de cunho poético. Apesar de suas qualidades desmistificadoras, este filme "contra as tentativas de explicar as coisas de maneira simplista"[40] não chega a articular uma alternativa não simplista de acesso ao episódio Canudos.

Em *A Matadeira*, Furtado procura respostas estéticas que sejam coerentes com a sua assumida opção por um cinema-espetáculo e pelo domínio das técnicas narrativas capazes de consubstanciá-lo.[41] Sua fascinação pelo cinema como uma usina produtora de signos parece levá-lo a uma concepção da imagem que é mais da ordem da simulação do que da representação: imagens marcadas por sua radical arbitrariedade, que não remetem a uma experiência historicamente situada. Talvez por isto, neste filme muito mais do que nos anteriores, o diretor penetra em um labirinto de imagens que refletem apenas outras imagens, sem qualquer peso referencial que as ancore ao mundo social e histórico.

A alegoria de Canudos não se presta à proposição de verdades históricas, mas à afirmação de um humanismo difuso semelhante àquele que encontramos no final de *Ilha das Flores* e no escopo de *Esta Não é a Sua Vida*, um filme "sobre a importância de qualquer ser humano". No caso de *A Matadeira*, um vago humanismo antibelicista que associa Canudos a todas as guerras. A inserção de fotos de corpos ensangüentados sobre o asfalto e imagens filmadas de crianças sendo perseguidas na favela talvez então se explique de modo distinto daquele que supusemos acima. Sua função pode ser a de tentar conferir à simulação alegórica de Canudos algum peso referencial que a legitime.

Estes curtas de Jorge Furtado situam-se no quadro de uma estética pós-moderna, marcada pela profusão de citações e paródias de gêneros, pela falta de profundidade histórica e pela adoção da ironia como um viés crítico difuso, que tem como alvo privilegiado os grandes sistemas

---

[40] FURTADO, 1992: 84.

[41] "Toda a arte é uma brincadeira, um artifício. É um truque. E este truque é feito para ser compartilhado, ele tem graça quando é dividido. Neste sentido, eu acho que o cinema que eu faço é comercial. Ele é feito para o público, para que as pessoas vejam e queiram ver." Idem: 30.

de valores políticos e morais. Neste mesmo registro, encontra-se um contingente cada vez mais numeroso de documentaristas contemporâneos que se debatem em uma "crise auto-reflexiva da representação".[42] São cineastas que permanecem no horizonte remanescente da tradição do documentário, na medida em que seus filmes se organizam em torno da defesa de um argumento sobre o mundo histórico. Mas não demonstram o menor apreço pelas convenções do gênero. Se as utilizam, é para melhor criticá-las.

Uma perspectiva inteiramente distinta é assumida por Eduardo Coutinho, autor de *Cabra Marcado Para Morrer* (1984). Em muito pouca coisa este filme pode ser comparado a *A Matadeira*, apesar de ambos se caracterizarem pela fragmentação de fontes e materiais, pela estrutura descontínua e pela auto-referência. Entre tantas, as diferenças fundamentais que aqui nos interessam residem na posição frente à história e na relação entre narrativa e auto-reflexividade.

Cabra Marcado Para Morrer é um filme que busca resgatar a sua própria história, através da retomada, por outros métodos, do trabalho interrompido dezessete anos antes, pelo golpe militar de 1964. Daí decorre a sua auto-reflexividade, que se reitera permanentemente, desde a aparição da primeira imagem – a preparação de uma projeção dos copiões para aqueles que participaram das filmagens originárias. Exibição de equipamentos, presença dos técnicos na tela e participação direta do diretor nas cenas filmadas são conseqüências do método de trabalho, fundem-se geneticamente ao processo criativo. E a diversidade de materiais (filmes de época, notícias de jornal, cenas de ficção e entrevistas) e de técnicas (reportagem, locução em voz *off* e encenação) não constroem paródias nem causam a impressão de um hibridismo estilístico. São matérias e métodos que se articulam organicamente, em vista da finalidade que move todo o processo: recuperar os fragmentos materiais

---

[42] WILLIAMS, 1993: 10.

e imaginários da história do filme, de cada um de seus participantes e do país.

Em *Cabra Marcado Para Morrer*, o "princípio de perversão" do cinema direto opera em toda a sua plenitude. Projetados diante do espelho em que para eles o filme se constitui, os atores revelam inapelavelmente os efeitos da história em suas vidas pessoais; e esta revelação, que surpreende e excita, surte efeitos transformadores. Elisabeth Teixeira é apenas o caso mais  evidente desta metamorfose: depois de quase vinte anos, ela deixa de ser "Marta", uma clandestina, exilada de seu próprio passado, para assumir a verdadeira identidade diante da câmera. E continua se transformando ao longo do filme e como função do filme, até o discurso veemente com que se despede de Coutinho, revelando-se como uma mulher que exorcizou seus fantasmas, reconciliou-se com a sua biografia e conquistou a possibilidade de reunir-se aos filhos, espalhados pelo mundo. Antes que esta reunião se dê em algum lugar físico, é no plano do filme, seqüência após seqüência, que vemos a família se integrar.

A história, tal como se manifesta em *Cabra Marcado Para Morrer*, nada tem de abstração, conceito ou representação: "História é o que fere, o que nega o desejo e estabelece limites inexoráveis tanto para as práticas individuais quanto para as coletivas".[43] Os traços do passado individual e situado de cada personagem traduzem-se em marcas de tortura física e em mudança de identidade civil, dados que extrapolam a dimensão textual do filme para ancorá-lo no mundo social. Tanto o

43 JAMESON, 1981: 102.

< Em 1964, a ficção interrompida pelo golpe militar: João Pedro Teixeira é levado preso.

Em 1981, Eduardo Coutinho volta ao nordeste e retoma o projeto de Cabra Marcado para Morrer.

processo histórico - trajetórias individuais e memória coletiva – quanto o processo de produção de significados através do cinema estão profundamente enraizados no corpo de *Cabra Marcado Para Morrer.*

Coutinho transita da ficção, o primeiro movimento que gerou o filme, para o documentário, segundo movimento que articula o conjunto dos materiais produzidos no espaço de duas décadas. Neste caso, um documentário que não pretende registrar a verdade através de uma reprodução especular do real – como na metáfora ingênua da imagem fotográfica enquanto um espelho dotado de memória.

A verdade em *Cabra Marcado Para Morrer* resulta de um minucioso trabalho de montagem que nos leva imaginariamente a percorrer o país, de norte a sul, e a história, de 1964 a 1984, em seqüências não lineares. São movimentos descontínuos, em que os fragmentos de memórias individuais recolhidos vão se iluminando mutuamente. Pequenos cacos, que refletem verdades situadas, contingentes e relativas. Se de algum espelho se trata, é de um espelho partido. Estes fragmentos, que não trazem verdades automaticamente impressas, são laboriosamente agenciados em seqüências significantes. Daí resulta a verdade situada, produzida dentro do filme e em função do filme: a ofuscante versão dos derrotados pelo movimento militar e pelos aparelhos institucionais que propagaram exaustivamente a versão oficial da história.

Por seus temas, estilos e perspectivas assumidas diante da história e do cinema, *Cabra Marcado Para Morrer* e *A Matadeira* estão situados em planos incomensuráveis. Se de algum modo os aproximamos foi com o único intuito de afirmar nossa convicção de que auto-reflexividade, descontinuidade e diversidade de materiais e técnicas não encaminham necessariamente o documentário contemporâneo para um abandono niilista da construção de verdades. A consciência de que verdades não se imprimem mecanicamente em imagens não significa que o único destino destas seja o de remeterem apenas a si mesmas, como uma coleção de signos desenraizados do mundo histórico, todos equivalentes em valor puramente simbólico.

Quanto à reflexividade, apesar do seu potencial antiilusionista, não deve ser considerada uma panacéia do documentário. Muito menos, um antídoto às contestações e abalos que sofrem os dispositivos de representação, em um contexto marcado pela proliferação desenfreada de imagens. As estratégias auto-reflexivas podem facilmente ser empregadas como puro formalismo, transformadas em um maneirismo ou apropriadas enquanto técnicas que visam legitimar argumentos espúrios com uma aparência crítica.

Exibição de aparelhos de filmagem ou de membros da equipe técnica não significam, necessariamente, problematização das condições de produção do discurso. Fragmentação narrativa e descontinuidade não significam, obrigatoriamente, maior consciência textual. Revelação de marcas autorais e de metodologias de trabalho empregadas não autenticam, automaticamente, uma intervenção crítica na política da comunicação. A televisão e a publicidade proporcionam abundantes exemplos de como todos estes procedimentos podem ser dissociados de suas estratégias originárias e incorporados a dispositivos de persuasão com fins comerciais ou institucionais.

Por outro lado, seria ingênuo considerar a reflexividade uma espécie de "dever político".[44] A diversidade de manifestações que comporta o domínio do documentário e a fluidez de suas fronteiras não autoriza uma posição evolucionista que pretenda erigir a auto-reflexividade como norma ética ou estética. Os protocolos da reflexividade não têm nenhum significado intrínseco e suas estratégias valem tanto quanto o uso que delas se faz em cada filme concreto.

[44] Jay Ruby adota, neste ponto, uma posição normativa que nos parece abusiva: "Estou convencido de que cineastas juntamente com antropólogos têm a obrigação ética, política, estética e científica de serem reflexivos e autocríticos sobre seu trabalho". Em ROSENTHAL, 1988: 64.

Considerações Finais

O percurso que efetuamos permitiu o reconhecimento de um domínio, uma arena institucional constituída por uma diversidade conflitiva de práticas e retóricas. No seu seio, uma comunidade de cineastas, críticos, teóricos e agentes diversos partilha determinadas questões que reverberam historicamente, em movimentos de contestação, reafirmação e transformação da tradição que os aglutina. Autores e grupos contrapõem métodos, perguntas de uma época encontram respostas em outra, soluções consideradas definitivas adiante se mostram precárias e outras, julgadas superadas, são resgatadas e redimensionadas.

Se este movimento nada tem de linear, tampouco é aleatório. Ainda que nossa proposta não tenha sido a de explicá-lo em toda a sua amplitude, tivemos oportunidade de rastrear suas principais linhas de força, identificar ambigüidades e questionar certos mitos que pontuam a tradição do documentário.

A esta altura, parece-nos de todo evidente que rotular um filme documentário não autentica seus significados. Não existe método ou técnica que possa garantir um acesso privilegiado ao real. Uma vez que não se pode conhecer uma realidade sem estar mediado por algum sistema significante, qualquer referência cinematográfica ao mundo histórico terá que ser construída no interior do filme e contando apenas com os meios que lhe são próprios. Sob este aspecto, o documentário é um *constructo*, uma ficção como outra qualquer. Por isto mesmo, devemos nos esforçar para deflacionar o valor de troca do rótulo *documentário* no mercado simbólico. Qualquer pressuposto de superioridade moral ou de verdade intrínseca do documentário deve ser impiedosamente desmistificado, sob pena de legitimação, por extensão, dos discursos que tomam de empréstimo suas características formais, retóricas e estilísticas.

A abordagem comparada de distintos grupos e tendências nos leva a constatar que o documentário, um dia pensado como "uma nova e vital forma de arte", vem se reconciliando com sua dimensão formal e estética, por vezes considerada menos relevante que uma utópica dimensão científica. É salutar constatar que uma perspectiva interpretativa reafirma-se no horizonte do documentário, na mesma medida em que se esvazia a crença em uma infundada objetividade da imagem cinematográfica.

O emprego freqüente de soluções híbridas, que utilizam recursos ficcionais dentro de um quadro argumentativo, também sinaliza um reencontro com métodos já tidos como datados e irrecuperáveis. Se Flaherty considerava o cinema como "um ato da imaginação" e os ingleses entendiam que o documentário era o "tratamento criativo da realidade", estas antigas expressões encerram valores que hoje ressoam com mais intensidade do que algumas décadas atrás, durante a vigência de uma crença excessiva no poder evidencial da imagem. Estas constatações mostram que as balizas fincadas pelos fundadores da tradição do documentário, embora móveis, continuam delimitando as margens por onde corre sua transformação.

A matriz estético-ideológica que mais nos seduz, entre todas as que examinamos, não se encontra no tronco hegemônico da tradição do documentário, mas em um desvio que ao mesmo tempo a antecede e ultrapassa. Procuramos, em mais de uma oportunidade, demonstrar que a obra fílmica e teórica de Dziga Vertov já continha uma gama extensa de questões que seriam problematizadas ao longo de toda a história do filme não-ficcional. Seu trabalho no campo semiótico e sua preocupação com uma pedagogia da imagem estão, hoje mais do que nunca, na ordem do dia para todos aqueles que, como nós, continuam acreditando na responsabilidade que os produtores audiovisuais devem assumir no plano de uma política e uma epistemologia da comunicação.

Diferentemente daqueles que acreditam na tendência irresistível de toda imagem a transformar-se em simulacro – julgando que no atual estágio do capitalismo a representação está superada por uma incapacidade de discernimento entre imagem e realidade – nós estamos mais interessados em investigar os processos de produção de sentido do que em pregar a sua implosão generalizada. Imagens continuam a mover audiências em busca de sentido. No mundo histórico – aquele que excede todo discurso, representação ou narração – significados estão a todo o momento sendo propostos, subjetividades sendo formadas e desejos sendo cooptados. E, para além da lógica do simulacro, continua sendo através das práticas semióticas que atribuímos sentido ao mundo histórico, onde nossas vidas estão em jogo.

Travar um combate no campo simbólico não consiste meramente em produzir representações "verdadeiras" do mundo. Representações só assumem uma dimensão política quando seu sentido não se deixa aprisionar na univocidade e na totalidade. Uma pedagogia da imagem, no atual contexto audiovisual, é aquela que estimula o esvaziamento das agências de poder e promove o descentramento de suas representações prontas e acabadas. Isto não quer dizer que a verdade tenha se tornado intangível e nossos valores devam se atomizar em uma constelação de pura relatividade. A crença em algum tipo de verdade sobre o mundo social e histórico constitui o horizonte remanescente da tradição do documentário. Se um dia esta crença chegou a confundir-se com a impressão de que a verdade se imprime fotograficamente, isso não nos leva ao extremo de substituir um dogmatismo por outro.

Entendemos que certas estratégias epistemológicas engendradas em documentários de produção recente podem resultar na construção de verdades mais contingentes e situadas. Verdades fragmentárias, que estimulam uma subjetividade capaz de abordar mais criticamente o próprio processo social de produção de sentido. Um atributo cada vez mais importante, em meio ao dilúvio de representações que caracteriza o mundo contemporâneo, chamado por alguns de sociedade da imagem. Pois estas imagens não são indiferenciadas, autônomas nem inocentes. São produtos sofisticados, células de retóricas que agem permanentemente sobre nós e nos constituem.

Se um dia Grierson afirmou a responsabilidade social do documentário usando a metáfora de um martelo para transformar a natureza, ao invés de um espelho para refleti-la, alguns documentaristas têm preferido usar o martelo contra o próprio espelho. No lugar de pretenderem uma imagem automática do mundo, denunciam o embuste deste automatismo. Com os cacos do espelho, constroem interpretações fragmentárias do mundo, que podem conter o germe de estimulantes perspectivas de descentramento da totalidade e de relativização das representações dominantes.

Bibliografia

AITKEN, Ian. *Film and Reform: John Grierson and the Documentary Film Movement.* Londres: Routledge, 1990.

ANSTEY, Edgar. "The Sound-Track in British Documentary: Some Origins of Cinéma Vérité". Paris: Unesco, mim., 1966.

ARNHEIM, Rudolf. *A Arte do Filme,* Lisboa: Edições 70, 1989.

AUMONT, Jacques. *A Imagem.* Campinas: Papirus, 1993 (ed. orig. 1990).

BARNOUW, Erik. *Documentary: a History of the Non-Fiction Film.* Nova York: Oxford University Press, 1974.

BARSAM, Richard. *Non-Fiction Film: a Critical History.* Bloomington: Indiana University Press, 1992 (ed. orig. 1973).

BARTHES, Roland. "Droit Dans les Yeux". Em *L'Obvie et l'Obtus.* Paris: Seuil, 1982.

______. "L'Éffet de Reel". *Communications,* n° 11, 1968, pp. 84-89.

BAZIN, André. *Qu'est-ce que le Cinéma?* Paris: Éditions du Cerf, 1958.

BERNARDET, Jean-Claude. *Cineastas e Imagens do Povo.* São Paulo: Brasiliense, 1985.

______. "Le Documentaire". Em PARANAGUÁ, Paulo Antonio (org.). *Le Cinéma Brésilien.* Paris: Centre Georges Pompidou, 1987, pp. 165-176.

BLANDFORD, Steve e outros. *The Film Studies Dictionary.* Londres: Arnold, 2001.

BLUE, James. "One Man's Truth - an Interview with Richard Leacock". *Film Comment*, v. 3, n. 2, 1965. Agora em JACOBS, 1979, pp. 406-419.

BONITZER, Pascal. *Décadrages: Peinture et Cinéma*. Paris: L'Étoile, 1986.

BOWEN, Harold. "Thomas Alva Edison's Early Motion Picture Experiments". *Journal of SMPTE*, vol. 64, set. 1955. Agora em FIELDING, 1967, pp. 90-96.

BREITROSE, Henry. "On the Search for the Real Nitty-Gritty: Problems & Possibilities in Cinema Vérité" *Film Quarterly*, v. 17, n° 4, 1964, pp. 36-40.

______. "The Structure and Functions of Documentary Film". *CILECT Review* v. 2, n° 1, 1986, p. 47.

BRINGUIER, Jean-Claude. "Libres Propos sur le Cinéma-Vérité". *Cahiers du Cinéma*, n° 145, 1963, pp. 14-17.

BRONLOW, Kevin. *The Wild, the West and the Wilderness*. Nova York: Knopf, 1979.

BURCH, Noel. *El Tragaluz del Infinito*. Madri: Cátedra, 1987.

BURTON, Julianne (org.). *The Social Documentary in Latin America*. Pittsburgh: University of Pittsburgh Press, 1990.

______. "Toward a History of Social Documentary in Latin America". Em BURTON, 1990, pp. 3-30.

CALDWELL, Genoa (ed.). *The Man Who Photographed the World: Burton Holmes – Travelogues 1886-1939*. Nova York: Harry N. Abrams, 1977.

CALLENBACH, Ernest. "Going out to the Subject: II". *Film Quarterly* (Calif.), v. 14, n° 3, 1961, pp. 38-40.

CANONGIA, Ligia. *Quase Cinema: Cinema de Artista no Brasil, 1970/80*. Rio de Janeiro: Funarte, 1981.

CAVALCANTI, Alberto. *Filme e Realidade*. Rio de Janeiro: Casa do Estudante do Brasil, 1957.

CHARNEY, Leo (org.). *O Cinema e a Invenção da Vida Moderna*. São Paulo: Cosac & Naify, 2001 (ed. orig. *Cinema and the Invention of Modern Life*. Berkeley: University of California Press, 1995).

COE, Brian. *Muybridge and the Chronophotographers*. Londres: Momi, 1992.

COLLET, Jean e outros. *Lectures du Film*. Paris: Éditions Albatros, 1976.

COMOLLI, Jean-Louis. "Le Détour par le Direct". *Cahiers du Cinéma*, n° 209-211, 1969.

______. "Technique et Idéologie". *Cahiers du Cinéma*, n° 229-240, 1971-1972.

COSTA, Flávia C. *O Primeiro Cinema*. São Paulo: Scritta, 1995.

DELAYE, Michel. "La Chasse a l'I". *Cahiers du Cinéma*, n° 146, 1963, pp. 5-17.

______. "La Règle du Rouch". *Cahiers du Cinéma*, n° 120, 1961, pp. 1-11.

DEVAUX, Frédérique. *L'Homme a la Caméra*. Paris: Yellow Now, 1990.

DUBOIS, Philippe. *O Ato Fotográfico*. Campinas: Papirus, 1994 (ed. orig. 1990).

EISENSCHITZ, Bernard. "Maiakovski, Vertov". *Cahiers du Cinéma*, n° 220, 1970, pp. 27-28.

EISENSTEIN, Sergei. *A Forma do Filme*. Rio de Janeiro: Zahar, 1990.

ELSAESSER, Thomas (org.). *Early Cinema: Space–Frame–Narrative*. Londres: BFI, 1990.

FELL, John L. (org.). *Film Before Griffith*. Berkeley: University of California Press, 1983.

FIELDING, Raymond. *The March of the Time*. Nova York: Oxford University Press, 1978.

______. (org). *The Technological History of Motion Pictures and Television*, Berkeley: University of California Press, 1967.

FISCHER, Lucy. "*Enthusiasm*: From Kino-Eye to Radio-Eye". Em *Film Quarterly*, v. 31, n° 2, 1977-1978, pp. 25-36. Agora em WEIS, 1985, pp. 247-261.

FLAHERTY, Robert. "La Función del Documental". *Cinema – Quindinale di Divulgazione Cinematográfica*, n° 22, 1937. Agora em RAMIÓ, 1985, pp. 156-159.

FURTADO, Jorge. *Um Astronauta no Chipre*. Porto Alegre: Artes Ofícios, 1992.

GAUDREAULT, André. *Du Littéraire au Filmique: Système du Récit*. Paris, Klincksieck, 1989.

GAUTHIER, Guy. "Le Documentaire Narratif: Documentaire/ Fiction". Em ODIN, 1984, pp. 81-93.

______. "La Malédiction Naturaliste". *CinémAction*, n° 41, 1987, pp. 30-35.

GRAHAM, Peter. "Cinéma-Vérité in France". *Film Quarterly*, v. 17, n° 4, 1964, pp. 30-35.

GILES, Dennis. "The Name Documentary: a Preface to Genre Study". *Film Reader* n° 3, 1978.

GODARD, Jean-Luc. *Godard par Godard*. Paris: Éditions de l'Étoile, 1985.

GOMERY, Douglas, "Economic Struggle and Hollywood Imperialism: Europe Converts to Sound". Em "Cinema Sound", *Yale French Studies*, n° 60, 1980. Agora em WEIS, 1985, pp. 25-36.

GRANJA, Vasco. *Dziga Vertov*. Lisboa: Horizonte, 1981.

GRIERSON, John. Ver HARDY, 1946.

GUNNING, Tom. "The Cinema of Attractions: Early Film, Its Spectator and the Avant-Garde". *Wide Angle*, vol. 8. n° 3, Fall 1986. Agora em ELSAESSER, 1990, pp. 56-62.

HARDY, Forsyth (org.). *Grierson on Documentary*. Londres: Collins, 1946.

HOVEYDA, Fereydoun. "Cinéma Vérité ou Réalisme Fantastique". *Cahiers du Cinéma*, n° 125, 1961, pp. 33-41.

JACOBS, Lewis (org.). *The Documentary Tradition*. Nova York: W. W. Norton, 1979 (1ª ed., 1971).

JAMESON, Fredric. *Espaço e Imagem*. Rio de Janeiro: UFRJ, 1994.

______. *The Political Unconscious: Narrative as a Socially Symbolic Act*. Ithaca: Cornell University Press, 1981.

______. "O Pós-Modernismo e a Sociedade de Consumo". Em KAPLAN, E. Ann (org.). *O Mal Estar no Pós-Modernismo*. Rio de Janeiro, Zahar, 1993, pp. 25-44.

KONIGSBERG, Ira. *The Complete Film Dictionary*. Londres: Bloomsbury, 1993.

KRACAUER, Siegfried. *Theory of Film – The Redemption of Physical Reality*. Londres: Oxford University Press, 1960.

KULESHOV, Lev. "Souvenirs". *Cahiers du Cinéma*, nº 220, 1970, pp. 20-25.

LABARTHE, André. "Entretien avec Lev Koulechov". *Cahiers du Cinéma*, nº 220/221, 1970.

LEACOCK, Richard. "La Caméra Passe-Partout". *Cahiers du Cinéma*, nº 94, 1959, pp. 37-38.

______. "For an Uncontrolled Cinema". *Film Quarterly* 19, Summer 1961, pp. 23-25.

LEBLANC, Gérard. "La Réalité en Question". *CinémAction*, nº 41, 1987, pp. 36-45.

LEYDA, Jay. *Kino*. London: Allen and Unwin, 1960.

LINS, Consuelo. *Deux Voyages a Travers l'Amérique: une Aproche Kaleidoscopique du Documentaire*. Tese de doutorado em cinema. Paris: Universidade Paris III, 1994.

LOVELL, Alan e HILLIER, Jim. *Studies in Documentary*. Londres: Martin Seeker and Warburg, 1972.

MANONNI, Laurent. *A Grande Arte da Luz e da Sombra*. São Paulo: Senac, 2003 (ed. orig. Paris: Nathan, 1995).

MARCORELLES, Louis. *Éléments pour un Nouveau Cinéma*. Paris: UNESCO, 1970 (tr. ingl., *Living Cinema*. London: Cox & Wyman, 1973).

______. "Entretien avec Jean Rouch". *Cahiers du Cinéma*, n° 144, 1963a, pp. 1-22.

______. "Entretien avec Robert Drew et Richard Leacock". *Cahiers du Cinéma*, n° 140, 1963b, pp. 18-27.

______. "Une Esthétique du Réel". Paris, Unesco, mim., 1964.

______. "L'Expérience Leacock". *Cahiers du Cinéma*, n° 140, 1963c, pp. 11-17.

______. "La Foire aux Vérités". *Cahiers du Cinéma*, n° 143, 1963d, pp. 26-34.

MARIE, Michel. "Direct". Em COLLET, 1976, pp. 78-85.

MARSOLAIS, Gilles. *L'Aventure du Cinéma Direct*. Paris: Seghers, 1974.

MEKAS, John (ed.). "The Frontiers of Realist Cinema: the Work of Ricky Leacock (from an Interview Conducted by Gideon Bachmann)". *Film Culture*, v. 19, 1961, pp. 12-23.

MENDES, David. "Documentário Nunca Mais". *Caderno de Crítica* n° 6, Rio de Janeiro: FCB, 1989, pp. 71-73.

METZ, Christian. *A Significação no Cinema*. São Paulo: Perspectiva, 1977.

______. *O Significante Imaginário*. Lisboa: Horizonte, 1980 (ed. orig., Paris: Union Génerale d´Éditions, 1977).

MICHELSON, Annette. "L'Homme à la Caméra: de la Magie à l'Epistemologie". *Artforum*, v. 10, n° 7, 1972, pp. 72-92. Agora em NOGUEZ, 1978, pp. 295-310.

MINH-HA, Trinh. "The Totalizing Quest of Meaning". Em *When the Moon Waxes Red: Representation, Gender and Cultural Politics*. New York: Routledge, 1991, pp. 29-50. Agora em RENOV, 1993, pp. 90-107.

MORIN Edgar e ROUCH, Jean. *Chronique d'un Été*. Paris: Interspetacles, 1962.

MUSSER, Charles. *The Emergence of Cinema: the American Screen to 1907*. Berkeley: University of California Press, 1990.

______. "The Travel Genre in 1903-1904: Moving Towards Fictional Narrative". *Iris* v. 2, n° 1, 1984. Agora em ELSAESSER, 1990, pp. 123-132.

NICHOLS, Bill. "Getting to Know You...: Knowledge, Power and the Body". Em RENOV, 1993, pp. 174-192.

______. *Ideology and the Image*. Bloomington: Indiana University Press, 1981.

______. *Introduction to Documentary*. Bloomington: Indiana University Press, 2001.

______. *Representing Reality*. Bloomington: Indiana University Press, 1991.

______. "The Voice of Documentary". *Film Quarterly*, v. 36, n° 3, Spring 1983. Agora em ROSENTHAL, 1988, pp. 48-63.

NINEY, François. "Prise de Vue Réelles, Images Factices". *Traverses*, n° 47, *Ni Vrai Ni Faux*, 1989, pp. 151-158.

NOGUEZ, Dominique (org.). *Cinéma: Théorie, Lectures*. Paris: Klincksiek, 1978.

ODIN, Roger (org.). *Cinémas et Réalités*. Saint-Étienne: Université Saint-Étienne, 1984.

OMAR, Arthur. "O Antidocumentário – Provisoriamente". *Vozes*, v. 72, n° 6, 1978, pp. 5-18.

______. "A Preparação de um Curta-Metragem". *Filme Cultura*, n° 35/36, 1980, pp. 41-44.

OUDART, Jean-Pierre. "L'Effet du Réel". *Cahiers du Cinéma*, n° 228, 1971, pp. 19-26.

PARENTE, André. *Narrativité et Non-Narrativité Filmiques*. Tese de doutorado em cinema. Paris: Universidade Paris VIII, 1987.

PELLIZZARI, Lorenzo e VALENTINETTI, Claudio. *Alberto Cavalcanti*. São Paulo: Instituto Lina Bo e P. M. Bardi, 1995.

PETRIC, Vlada. *Constructivism in Film*. Cambridge: Cambridge University Press, 1987.

PINEL, Vincent. *Louis Lumière: Inventeur et Cinéaste*. Paris: Nathan, 1994.

PREDAL, Réné (org). *CinémAction* n° 17. *Jean Rouch, un Griot Gaulois*, 1981.

PUDOVKIN, Vsevolod. *Argumento e Realização*. Lisboa: Arcádia, 1961.

RAMIÓ, Joaquim e THEVENET, Homero (org.). *Fuentes y Documentos del Cine*. Barcelona: Fontamara, 1985.

RENOV, M. (org.). *Theorizing Documentary*. Nova York: Routledge, 1993.

REYNOLDS, Charles. "Focus on Al Maysles". *Popular Photography*, 1964. Agora em JACOBS, 1979, pp. 400-405.

ROSEN, Philip. "Document and Documentary: on the Persistence of Historical Concepts". Em RENOV, 1993, pp. 58-89.

ROSENTHAL, Alan (org.). *New Challenges for Documentary*. Berkeley: University of California Press, 1988.

ROTHA, Paul. *Documentary Film*. Londres: Faber and Faber, 1936.

ROUCH, Jean e MORIN, Edgar. *Chronique d'un Été*. Paris: Interspetacles, 1962.

ROUCH, Jean. "Jaguar". *Cahiers du Cinéma*, n° 195, 1967, pp. 17-20.

______. "Je Suis mon Premier Spectateur". *L'Avant Scène*, n° 123, 1972, p. 7.

______. "Le Vrai et le Faux". *Traverses*, n° 47, *Ni Vrai Ni Faux*, 1989, pp. 177-187.

RUBY, Jay. "The Image Mirroed: Reflexivity and the Documentary Film". *Journal of the University Film Association*, v. 29, n° 1, Fall 1977. Agora em ROSENTHAL, 1988, pp. 64-77.

RUSPOLI, Mario. "Le Groupe Synchrone Cinematographique Léger". Paris: Unesco, mim., 1963.

SADOUL, Georges. *Dictionnaire des Cinéastes*. Paris: Microcosme/ Seuil, 1990.

________. *Dziga Vertov*. Paris: Champ Libre, 1971.

________. *História do Cinema Mundial*. São Paulo: Martins, 1963.

________. *Louis Lumière*. Paris: Seghers, 1964.

SALT, Barry. "Film Form 1900-1906". *Sight and Sound*, Summer 1978. Agora em ELSAESSER, 1990, pp. 31-44.

SCHATZ, Thomas. *O Gênio do Sistema*, São Paulo: Companhia das Letras, 1991 (ed. orig. 1988).

SCHWARTZ, Vanessa. "O Espectador Cinematográfico Antes do Aparato do Cinema: o Gosto do Público pela Realidade na Paris Fim de Século". Em CHARNEY, 2001, pp. 411-440.

SERCEAU, Michel. "L'Aventure du Cinéma Direct et la Métamorfose de l'Approche Documentaire". *CinémAction*, n° 41, 1987, pp. 78-84.

SHERWOOD, Robert. "Robert Flaherty's *Nanook of the North*". Em JACOBS, 1979, pp. 15-19.

STAM, Robert. *O Espetáculo Interrompido: Literatura e Cinema de Desmistificação*. Rio de Janeiro: Paz e Terra, 1981.

SUSSEX, Elisabeth. "Cavalcanti na Inglaterra". Em PELLIZZARI, 1995, pp. 317-336.

VAUGHAN, Dai. *For Documentary*. Berkeley: University of California Press, 1999.

________. *Television Documentary Usage*. Londres: BFI, 1976.

VERTOV, Dziga. *Articles, Journaux, Projets*. Paris: Cahiers du Cinéma, 1972.

XAVIER, Ismail. *O Discurso Cinematográfico: a Opacidade e a Transparência*. Segunda edição. Rio de Janeiro: Paz e Terra, 1984a.

________. *D. W. Griffith: o Nascimento de um Cinema*. São Paulo: Brasiliense, 1984b.

WAKEMAN, John (ed.). *World Film Directors*. Nova York: H. W. Wilson, 1987.

WALLACE, Irving. "Everybody´s Rover Boy". Em CALDWELL,1977.

WEIS, Elisabeth e BELTON, John (org.). *Film Sound: Theory and Practice*. Nova York: Columbia University Press, 1985.

WILLIAMS, Alan, "The Lumière Organization and Documentary Realism". Em FELL, 1983, pp. 153-161.

WILLIAMS, Linda. "Mirrors Without Memories: Truth, History and New Documentary". *Film Quarterly*, v. 46, n° 3, 1993, pp. 9-21.

WINSTON, Brian. *Claiming the Real: the Documentary Film Revisited*. Londres: BFI, 1995.

______. "The Documentary Film as Scientific Inscription". Em RENOV, 1993, pp. 37-57.

______. "Documentary: I Think We Are in Trouble". *Sight and Sound*, v. 48, n° 1, Winter 1978/79. Agora em ROSENTHAL, 1988, pp. 21-33.

YOUNG, Colin. "Cinema of Common Sense". *Film Quarterly*, v. 17, n° 4, 1964, pp. 26-29.

Créditos das Imagens

Arthur Omar: 190 e 198
Bobst Library, New York University: 36
Bruce Harding: 137
Burton Holmes: 41
Casa de Cinema de Porto Alegre: 202, 206 e 211
Cinémathèque Française: 28
Comité du Film Ethnographique: 153, 155, 160, 163 e 164
Danske Filmmuseum: 34
Edison National Historic Site: 25 (embaixo)
Goskino: 77
International Museum of Photography at the George Eastman House: 30
Joris Ivens Archief/ ESJI: capa
Library of Congress, EUA: 25 (no meio)
Mapa Filmes: 216 e 217
Mikhail Kaufman Collection: 116 (no alto), 178 e 179
Museu do Prado, Madri: 173
Museum of Modern Art of New York Film Library: 21, 25 (no alto, à esq.), 26, 27, 38, 47, 48 e 52
Museum of Moving Image, Londres: 25 (no alto, à dir.)
National Film Archive, Londres: 57, 60, 62, 88, 89, 98 e 101
National Galery, Londres: 172
Paul Rotha Collection: 80
Staatliches Filmarchiv, Berlim: 116 (embaixo) e 121
Vostok-kino: 78

Índice

As referências que vêm acompanhadas de um asterisco (*) remetem somente às ocorrências nas notas de rodapé. As referências com dois asteriscos (**) remetem somente às ocorrências nas legendas das imagens.

www.ingramcontent.com/pod-product-compliance
Lightning Source LLC
LaVergne TN
LVHW071513180726
843512LV00014B/1068